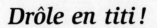

Drôle en titi !

Œuvres de Gilles Latulippe

Une p'tite vite (éd. de l'Homme, 1970)
Olivier (éd. Stanké, 1985)
Avec un sourire. Autobiographie
(éd. de l'Homme, 1997)
Balconville, P.Q. (Élæis, 1999)
Salut cocu! (Élæis, 1999)
La Sainte Paix (Élæis, 1999)
Vingt-cinq sketches, tome I (Élæis, 1999)
Vingt-cinq sketches, tome II (Élæis, 1999)
Drôle en diable (Élæis, 2000)
Drôle à mort (éd. TDV, 2001)
Drôle en cochon (éd. TDV, 2002)
Drôle comme un singe (éd. TDV, 2003)
Drôle en Tabar... ouette (éd. TDV, 2004)

Gilles Latulippe

Éditions Théâtre des Variétés, 2005.

© Éditions Théâtre des Variétés, 2005
Correction d'épreuves : Diane Baril
Mise en page : Cyclone Design Communications inc.

ISBN : 2-9807286-3-2
Dépôt légal : 3e trimestre 2002
Bibliothèque nationale du Québec
Bibliothèque nationale du Canada
Imprimé au Canada

Préface de Ginette Reno

J'adore LA TULIPPE.

Parlez-moi d'un nom ! Et en plus, il la porte bien sa fleur : doux, tendre, coloré, enjoliveur.
Avec un nom comme celui-là, tu peux devenir un athlète de grande renommée, ou encore un comédien, un grand humoriste qui fait rire.

C'est vrai que je ne connais pas Latulippe personnellement – je veux dire, que je ne le fréquente pas. Une chance, je parle pour lui. Je vois déjà une émission de télé « Mesdames, Mesdemoiselles, Messieurs, voici GG, Gilles et Ginette ». Remarquez que ça ne serait pas une mauvaise idée : le public a tellement besoin de rire.

Chaque fois qu'un de ces livres d'humour sort, je me précipite aussitôt au magasin; je suis probablement la première personne à l'acheter.

À la maison, il a une place bien spéciale, réservée juste pour lui. Je veux que tous mes amis connaissent son humour. Alors, chaque fois que quelqu'un

sort des toilettes avec le rire au visage, il est soulagé de deux manières. Il y en a même qui me demandent si on est parents. C'est la seule manière que j'ai trouvée de le savourer avec les autres.

Je vais vous faire partager un secret : c'est mon livre de chevet... je m'endors avec lui.

Je t'embrasse comme je t'aime.

Ginette Reno

Merci à mon bras droit Olivier Latulippe et à notre ami Serge Trudel.

G.L.

Avertissement.
L'auteur et l'éditeur sont tombés d'accord sur l'impérative nécessité de conserver au langage de toutes les histoires drôles leur forme populaire, sans laquelle elles perdraient fatalement leur âme et leur tonus.

HOMMAGE À
MARCEL GIGUÈRE

C'est au début des années soixante que j'ai connu Marcel Giguère. Je devrais dire : « que j'ai commencé à travailler avec lui », car je l'admirais depuis longtemps. Déjà, à ce moment-là, Marcel avait beaucoup d'expérience, tant comme bruiteur que comme acteur comique. Marcel a été bruiteur à Radio-Canada et à CKAC pendant de nombreuses années. Dans les belles années de la radio, un bruiteur était très important : dans tous les radioromans, c'est lui qui donnait de la vie, de la réalité au texte. C'est lui qui trouvait les sons appropriés à la situation, nourrissant notre imagination et nous situant mieux dans l'action en cours.

Il était bruiteur à CFTM quand je l'ai rencontré à l'émission Le Zoo du Capitaine Bonhomme. Il avait une solide réputation et était considéré comme un des grands de sa profession. À preuve, la radio ABC, cette fameuse chaîne américaine, lui avait offert un contrat pour qu'il se joigne à eux. Heureusement, Marcel a refusé et est resté parmi nous, pour notre plus grand bonheur.

Comme acteur et comique, il a joué dans plusieurs séries à la télévision : Cap aux Sorciers, La Rigolade avec Denis Drouin, Les Trois Cloches, comme raconteur d'histoire; des sketches pour Jovette Bernier, Les Tannants, l'émission de Réal Giguère, etc. On peut même remonter aux Cafés-concerts Kraft.

Il a travaillé plusieurs fois au Théâtre des Variétés, entre autres, dans une comédie qui s'appelait Un, Deux, Trois Go avec son fils Roger, Clairette et plusieurs autres. Marcel avait les yeux rieurs et un large sourire ornait en permanence son visage. Il a fait beaucoup de cabaret; son numéro était tordant. Je l'ai vu des dizaines de fois et je riais toujours.

J'ai souvent dîné avec Marcel pendant qu'on faisait le Zoo du Capitaine Bonhomme. Il était un raconteur irrésistible et ces dîners étaient pour moi l'occasion rêvée de voir et d'entendre Marcel à son meilleur.

Le rire jouait un rôle important dans sa vie. Comme moi, il adorait aller à New York voir des spectacles. Une fois sur place, il était infatigable. Roger m'a raconté que, lors d'un voyage dans cette ville, Marcel l'avait presque fait mourir d'épuisement : debout très tôt, couché très tard, il voulait tout voir.

C'est un cancer qui a emporté Marcel à 79 ans. C'est encore jeune, 79 ans, mais connaissant Marcel, c'est pas mal. Quand on sait qu'il poussait toujours la machine à fond et vivait toujours en double, à tout compter, Marcel est mort à... 158 ans; c'est respectable. Tous ses amis morts avant lui ont dû le voir arriver avec beaucoup de plaisir car c'était sa marque de commerce : semer la joie autour de lui !

Quand on a eu le plaisir de rencontrer Marcel, on ne l'oublie plus.

Merci Marcel !

*La journée la plus perdue
entre toutes est celle
où l'on n'a pas ri !*

Un gars entre dans un bar sur le bord de la route. Sur un écriteau, on peut lire :

— Bière 4 $
— Sandwich au jambon 7 $
— Masturbation 20 $

Le gars regarde la serveuse; elle est jeune, jolie et bien faite. Il hésite un peu et lui demande :

— C'est vous qui vous occupez de la masturbation ?

La fille le regarde langoureusement et lui dit :

— Oui, c'est moi.

— Lave-toi les mains puis fais-moi un sandwich au jambon !

Dans la pouponnière, un père se penche sur son fils qui vient de naître et dit à sa femme :

— Tu as vu comme il a un gros zizi.

— Oui, mais par contre, il a tes yeux.

Le père enseigne à son petit gars à faire pipi tout seul. Il lui dit :

— 1) tu la sors; 2) tu tires la peau; 3) tu fais pipi; 4) tu repousses la peau; 5) tu la remets dans tes culottes. Le lendemain, le petit entre dans la toilette tout seul, referme la porte. Le père écoute et entend :

— 1, 2, 4, 2, 4, 2, 4, 2, 4, 2, 4, 2, 4...

Un homme revient d'un voyage en Asie et a attrapé une pneumonie atypique. À l'hôpital, le docteur lui explique qu'on va le mettre dans une chambre isolée et il lui prescrit un régime à base de pizza, de sole et de crêpes. Le patient demande au docteur :

— Vous pensez que ça va me guérir ?

— Je ne sais pas mais en tout cas, ce sont des plats qu'on peut glisser sous la porte !

Au guichet de la gare, un homme se présente et dit :

— Bonjour, je voudrais un billet pour Quackenbush. L'employé, embêté, demande au client :

— Vous êtes sûr du nom ?

— Sûr et certain.

— Je ne connais pas Quackenbush.

L'homme se retourne et pointe du doigt :

— C'est le monsieur là-bas, avec la valise.

Un jeune homme très timide veille avec une fille plus déniaisée que lui. Le gars finit par prendre son courage à deux mains et embrasse la fille dans le cou. La fille dit :

— C'est la première fois qu'un garçon m'embrasse dans le cou.

— Comment, tu n'as jamais eu d'autres amoureux avant moi ?

— Oui, mais tous les autres commençaient plus bas…

Deux amis se rencontrent. Le premier demande à l'autre :

— Qu'est-ce que tu fais de bon ?

— Je vends des pigeons voyageurs.

— C'est payant ?

— C'est payant certain : je les vends le matin et ils reviennent le soir !

Un jeune acteur débutant est engagé pour jouer un petit rôle à côté d'un comique célèbre. Le jeune acteur a juste une phrase à dire : « Monsieur, un télégramme pour vous. » À la répétition, le célèbre comique lui dit :

— Vous arrivez, vous dites votre réplique et vous ne dites plus rien, vous ne bougez pas. Moi, j'ouvre le télégramme, je l'ouvre sans dire un mot et, rien qu'en voyant mes mimiques, la salle va pisser de rire. Vous allez voir comment on joue, vous allez voir comment on fait pisser de rire toute une salle.

Le soir de la première arrive. Le jeune acteur entre en scène, dit sa réplique et reste là, sans bouger. La vedette ouvre le télégramme et commence à faire une série de grimaces. Silence dans la salle… Il accentue ses grimaces, personne ne rit. Il a beau en rajouter, les spectateurs ne rient pas. Au bout de quelques minutes, le jeune acteur, découragé, se dit qu'il faut faire quelque chose. Il s'approche du grand acteur et lui dit :

— Ils ont sûrement dû pisser avant de venir !

Pourquoi est-ce que ça allait bien dans le mariage d'Adam et Ève ?
Parce que lui n'avait pas de belle-mère et, elle, ne parlait jamais de ses ex.

À la campagne, un gars remarque un habitant qui se met de la bouse de vache sur les lèvres. Il lui demande :
— Pourquoi est-ce que vous faites ça ?
— C'est parce que j'ai les lèvres gercées.
— Puis ça les guérit, ça ?
— Non, mais ça m'empêche de me les lécher !

- Mon histoire est, je l'avoue, difficile à croire. Je ne suis qu'un pauvre curé de campagne. Pendant toute ma vie, j'ai consacré mon temps à mes paroissiens. J'ai célébré les messes, les mariages, les baptêmes et les enterrements. Un jour, alors que je traversais la route, j'ai aperçu, au milieu de la route, une pauvre petite grenouille perdue qui risquait de se faire écraser. Je l'ai prise délicatement dans ma main et je l'ai ramenée au presbytère. Là, je lui ai donné de l'eau et de la nourriture. C'est à ce moment-là qu'un miracle s'est produit. La petite grenouille s'est mise à parler.
— J'ai été victime d'un mauvais sort; en t'occupant de moi, tu as commencé à rompre l'enchantement et j'ai retrouvé la parole. Si maintenant, tu me couches dans ton lit, je redeviendrai un joli petit garçon.
Et c'est ainsi, Messieurs les jurés, que tout a commencé…

Deux femmes jasent ensemble :

— Comment va votre mari ?

— Ah, il m'inquiète beaucoup. Le docteur m'a dit qu'il avait trois mois à vivre, maximum.

— Je comprends votre inquiétude…

— Bien oui, il a déjà un mois de retard !

Qu'est-ce qu'une femme a tous les mois et qui dure 4 jours ?
Le salaire de son mari.

Un couple joue au bridge chez des amis. Le mari joue comme un pied. Il fait des annonces incompréhensibles. À un moment, il se lève pour aller aux toilettes. Sa femme dit aux deux autres :

— C'est la première fois de la soirée que je sais ce qu'il a dans les mains…

Une future maman arrive à l'hôpital où elle va accoucher. Elle demande au docteur :

— Est-ce que mon mari va pouvoir assister à l'accouchement ?

— Certainement, pas de problème. C'est même une très bonne chose que le papa assiste à la naissance de son enfant.

— Non, pas le père, chaque fois que mon mari puis lui se rencontrent, ils se battent…

Au début du siècle, deux pêcheurs de morue naufragés se retrouvent sur un iceberg. Le premier dit à l'autre :

— On est sauvés, regarde ce qui arrive : le Titanic !

Une jeune fille demande à sa meilleure amie qui vient de se marier :

— Puis, la nuit de noces, comment ça s'est passé ?

— L'un dans l'autre, plutôt bien…

Un gars paqueté entre chez lui à deux heures du matin. Il se déshabille, monte dans le lit et, pour atteindre sa place qui est de l'autre côté du lit, il enjambe sa femme. À ce moment-là, sa femme se réveille. Elle s'ouvre un œil et lui dit :

— Maudit ivrogne, si c'était une taverne, tu arrêterais !

Un pâtissier avare faisant paraître une annonce dans le journal :

« Pâtisserie, centre-ville de Montréal, recherche vendeuse diabétique »

Un homme dit à son ami :

— J'suis en maudit : ma femme veut faire l'amour à trois !

— T'es contre ?

— J'comprends que j'suis contre : j'suis pas dans les trois !

Au rodéo de Saint-Tite, un couple est assis dans les estrades; elle mesure 5 pieds 10 et pèse 235 livres. Son mari mesure environ 5 pieds 6 et pèse 145 livres. Arrive un cheval sauvage que personne ne peut monter. On annonce dans le micro une récompense de 1 000 $ à celui qui va réussir à rester 30 secondes sur le cheval. Le mari se lève et crie :

— Moi, je vais essayer.

Sa femme lui dit :

— T'es fou, tu vas te faire tuer.

Le mari ne l'écoute pas, descend sur la piste, embarque sur le cheval qui se met à ruer, à se cabrer dans tous les sens. 5 secondes… 15 secondes… Le petit mari est toujours sur le dos du cheval sauvage. Plus ça va, plus le cheval est déchaîné. 25 secondes… 30 secondes… Le mari a gagné. Malgré ça, il continue et reste sur le dos du cheval pour un autre 2 minutes et demie. La foule l'applaudit à tout rompre. Le mari retourne dans l'estrade rejoindre sa femme, le chèque à la main. Sa femme lui dit :

— Je n'en reviens pas, où est-ce que tu as appris à monter comme ça ?

— Voyons Simone, rappelle-toi quand on faisait l'amour pis que t'avais la coqueluche.

Comment on dit « 69 » en arabe ?
Ta touffe m'étouffe, ma touffe t'étouffe.

Un homme entre dans une pharmacie pour acheter des condoms. C'est une pharmacienne qui lui répond. L'homme, un peu gêné, lui demande :

— Je voudrais une boîte de… petits manteaux. Vous voyez ce que je veux dire… quand je dis petit, c'est une façon de parler, donnez-moi les plus grands que vous avez.

La pharmacienne va chercher la boîte et, en la lui donnant, elle lui dit :

— Si vous avez besoin d'un col en fourrure pour votre manteau, je finis à 7 h !

Pendant que deux hommes sont en train de faire pipi dans un urinoir, les deux zizis discutent. Le premier dit :

— J'appartiens à un amateur de cinéma. Il va voir tous les films; j'ai la chance d'aller au cinéma deux ou trois fois par semaine.

L'autre répond :

— Moi aussi, je vais au cinéma deux ou trois fois par semaine, mais pas chanceux, mon propriétaire n'aime que les films pornos puis j'suis debout pendant tout le film.

Après avoir vu le dernier défilé de mode, j'en suis venu à la conclusion suivante : si les jupes continuent de raccourcir, les femmes vont avoir une chevelure de plus à coiffer, deux joues de plus à poudrer et deux lèvres de plus à maquiller.

Pépère est dans la salle de bain. Mémère est déjà couchée. Elle lui crie :
    — Alphonse, qu'est-ce que tu fais ?
    — Je lave mes dents.
    — Pendant que tu es là, lave donc les miennes !

À Québec, une religieuse anglaise demande à un chauffeur de taxi :
    — Do you speak english ?
    — Yes Sœur.

Un chasseur a pris un guide indien pour chasser le bison. À un moment, l'Indien s'agenouille, colle son oreille par terre et se relève en disant :

— Bison, pas loin; passé par ici y a peu de temps.

Le chasseur lui dit :

— Vous êtes extraordinaire. Comment faites-vous pour savoir ça ?

— Avoir mis oreille dans merde de bison !

La différence qu'il y a entre les hommes et les cochons : Quand les cochons ont bu, ils ne deviennent pas des hommes.

Le couple s'en va dans une grande soirée. Madame étrenne une nouvelle robe. Juste avant d'entrer dans la salle, elle demande à son mari :

— Est-ce que mon décolleté est trop profond ?

Il la regarde et dit :

— As-tu du poil sur la poitrine ?

— Non, voyons.

— Bon bien il est trop profond !

Un homme rencontre son ami :

— T'as bien l'air bête. Qu'est-ce que tu as ? as-tu perdu quelqu'un ?

— Au contraire, je vais être père !

— Puis c'est pour ça que tu as l'air bête comme ça ?

— Oui, je ne sais pas comment annoncer ça à ma femme !

En plein hiver, il fait un froid épouvantable. Un habitant voit son voisin en train d'étaler du fumier sur le lac gelé pas loin de sa ferme. Il lui demande :

- Qu'est-ce que tu fais là ?

- Au lieu de poser des questions, aide-moi donc à finir; j'ai un gars de la ville qui vient à trois heures pour acheter le terrain.

Une femme rencontre une de ses amies, puis elle a un suppositoire d'accroché autour du cou. L'autre lui demande :

— Qu'est-ce que tu fais avec ça ?

— C'est le docteur; il m'a dit de suspendre mon traitement.

— Écoute, le petit va avoir 15 ans, il faut l'informer sur les mystères de la vie... il est sensible cet enfant-là, explique-lui tranquillement... parle-lui des abeilles...
Le père va voir son fils et lui dit :

— Tu sais, la semaine passée, quand on est allés à Montréal puis qu'on a rencontré les deux filles, là. Bien ta mère veut que je te dise que pour les abeilles, c'est pareil !

Pourquoi est-ce que les noirs mangent du chocolat blanc ?
Pour ne pas se mordre les doigts.

Le gars demande à une prostituée :

— C'est combien pour tes services.

— C'est 25 $ dans l'auto ou 100 $ à l'hôtel.
Le gars sort 100 $ et lui dit :

— OK, 4 fois dans l'auto !

Deux gars paquetés sortent de la taverne. Après avoir fait un coin de rue, l'un dit à l'autre :

— Avec tout ce que j'ai bu, il faut que je fasse pipi.

— Moi aussi !

Ils s'arrêtent près d'un mur puis, au bout d'une minute, le premier dit :

— C'est drôle, moi je fais pipi, ça fait du bruit puis toi, on n'entend rien.

— C'est parce que je pisse sur ton manteau.

Le gars rencontre son chum. Il a l'air magané. On dirait qu'un train lui a passé sur le corps. Un bras dans le plâtre, le nez cassé, il boite. Son ami lui demande :

— Qu'est-ce qui t'est arrivé ?

— Je me suis battu avec Serge Trudel.

Son ami lui dit :

— Il n'a pas pu te faire ça à mains nues, il devait avoir quelque chose dans les mains.

— Oui, il avait une pelle dans les mains.

— Toi, tu as dû te défendre; qu'est-ce que tu avais dans les mains ?

— J'avais les seins de sa femme puis elle n'est pas très bonne pour se battre.

Ma femme me fait l'amour seulement si elle a une bonne raison. La semaine dernière, elle s'est servi de moi comme minuterie pour faire son œuf à la coque.

L'avocat :

— Docteur, avant de pratiquer l'autopsie, avez-vous vérifié son pouls ?

L'accusé :

— Non.

L'avocat :

— Avez-vous vérifié sa pression ?

L'accusé :

— Non.

L'avocat :

— Avez-vous vérifié sa respiration ?

L'accusé :

— Non.

L'avocat :

— Alors, est-il possible que le patient ait été vivant lorsque vous avez commencé l'autopsie ?

L'accusé :

— Non.

L'avocat :

— Comment pouvez-vous en être sûr, Docteur ?

L'accusé :

— Parce que son cerveau était dans un pot de formol sur mon bureau.

L'avocat :

— Mais est-ce qu'il n'aurait pas pu être vivant quand même ?

L'accusé :

— Oui, c'est possible qu'il soit encore vivant et qu'il pratique le droit quelque part…

Si, ce soir, vous faites quelque chose que vous pensez regretter demain matin, dormez jusqu'à midi !

J'amène ma femme partout où je vais, mais elle retrouve toujours son chemin.

Dans un film pour tous, c'est le bon gars qui a la fille. Dans un film pour adultes, c'est le bandit qui a la fille. Dans un film XXX, tout le monde a la fille !

Philosophie :
Si c'est vrai qu'on est ici pour aider les autres, pourquoi les autres sont-ils ici ?

Pourquoi appuyez-vous plus fort sur les boutons de la télécommande lorsque vous savez que les batteries sont mortes ?

Avez-vous remarqué que, quand vous conduisez, celui qui conduit plus lentement que vous est un niaiseux et celui qui conduit plus vite que vous est un maniaque.

J'étais tellement ennuyant quand j'étais enfant que, quand on jouait au docteur, c'est moi qui faisait l'anesthésiste.

Une femme moderne se demande toujours, lorsqu'elle sort avec un nouveau chum :
- Est-ce que c'est le genre d'homme avec qui je voudrais que mes enfants passent une fin de semaine sur deux ?

J'étais végétarien jusqu'à ce que je commence à pencher du côté du soleil.

Un garçon demande à son père :

— Est-ce que ça arrive qu'un avocat dise la vérité ?

— Mon garçon, dans certains cas, un avocat est prêt à faire n'importe quoi pour gagner un procès.

Un couple avait des problèmes de fertilité. Après consultation, le médecin leur dit :

— Je vais vous injecter des hormones de singe. En général, ça marche très bien.

Neuf mois plus tard, le père, anxieux, attend l'arrivée de son bébé. Lorsque l'infirmière sort de la salle d'accouchement, le père lui demande si c'est un garçon ou une fille. Elle lui répond :

— On ne le sait pas encore, on attend qu'il descende du plafonnier.

Réflexion :

— J'ai acheté des piles, mais les batteries n'étaient pas comprises.

— Je travaillais dans une usine de bornes-fontaines, on ne pouvait stationner nulle part autour.

— Peu importe la température de la pièce, elle est toujours à la température de la pièce.

— J'ai l'intention de vivre éternellement. Jusqu'à présent, ça va !

— Imaginez que les oiseaux soient chatouillés par les plumes. On verrait des tas d'oiseaux voler en riant.

— J'étais triste parce que je n'avais pas de souliers. Jusqu'à ce que je rencontre un homme qui n'avait pas de pieds. Je lui ai demandé : As-tu des souliers que tu mets pas ?

— On peut pas tout avoir; où est-ce qu'on mettrait tout ça ?

Dans une maison de retraite, un groupe de gens âgés sont assis dans le salon et se plaignent de leurs différentes maladies :

Le premier :

— Mes bras me font assez mal : j'ai d'la misère à lever

ma tasse de café.

Le deuxième :

— Moi, mes cataractes sont tellement avancées : j'ai d'la misère à voir mon café.

Le troisième :

— Je ne suis pas allé voter la semaine passée; j'ai tellement mal dans les doigts que j'aurais pas pu faire mon X nulle part.

Le quatrième dit :

— Parlez plus fort, j'entends rien !

Le cinquième :

— Mes pilules m'étourdissent assez que j'ai de la misère à marcher.

Le sixième :

— Moi, ma mémoire me lâche : j'oublie même où je suis et où je m'en vais.

Une petite vieille finit par dire :

— C'est ça vieillir, mais on est encore chanceux : on conduit encore nos autos !

La mère, inquiète, appelle sa petite fille de six ans :

— J'ai appris que tu as joué au docteur avec le petit Philippe cet après-midi. Qu'est-ce qui s'est passé ?

— Rien, il m'a fait attendre dans le passage tout l'après-midi !

Quelle est la différence entre un condom et un cercueil ?
Tu viens dans un puis tu pars dans l'autre.

La différence entre les oiseaux et les hommes :
Il n'y en a pas, les deux ont besoin d'ailes (d'elles).

Quelle est la différence entre une jeune prostituée et une vieille prostituée ?
Il y en a une qui se sert de la vaseline puis l'autre se sert de Poly-Grip.

— Votre belle-mère, votre femme et votre avocat sont prisonniers d'une maison en flammes. Que faites-vous ?
— Je vais au cinéma !

— Maman, d'où viennent les bébés ?
— Des cigognes ma chérie.
— Oui je sais maman, mais qui est-ce qui baise les cigognes ?

Quelle est la meilleure chose en éducation sexuelle ?
L'examen oral.

Connais-tu la nouvelle poupée « mariée » ?
Tu lui mets un jonc dans le doigt et le derrière lui grossit.

Pourquoi est-ce que le divorce est si dispendieux ?
Parce que ça vaut ça !

Comment sait-on qu'un boxeur est gay ?
Quand il achète ses gants, il choisit un sac à main et des souliers pour aller avec.

La blonde demande à son professeur de natation :
— Est-ce que je vais vraiment couler si tu enlèves ton doigt ?

Comment sait-on que quelqu'un est à moitié catholique et à moitié juif ?
Quand il va à la confesse, il emmène un avocat avec lui.

Avez-vous entendu parler du gars qui s'est fait faire une vasectomie chez Canadian Tire ? Maintenant, chaque fois qu'il a une érection, sa porte de garage s'ouvre.

Comment reconnaît-on la maison d'une blonde ?
Il y a un œil magique dans la porte patio.

Une femme dit à sa voisine :
— C'est curieux, mon fils ressemble de plus en plus à mon mari.
— Qu'est-ce qui te surprend là-dedans ?
— Normalement, il devrait ressembler à son père !

Le policier dit :
— On enquête sur un curieux vol qui s'est produit la nuit dernière dans un supermarché.
— Qu'est-ce qu'on a volé ?
— 200 cartouches de cigarettes puis 150 sacs de carottes.
— Soupçonnez-vous quelqu'un ?
— Oui, on cherche un lapin qui tousse.

Un homosexuel a été congédié de la banque de sperme. On l'a surpris à boire sur la job.

Un gynécologue a attrapé la maladie de Parkinson. Ça n'a pas été long, il a fait fortune !

Un gars entre dans un magasin d'appareils électriques et demande au vendeur :
— Avez-vous des télévisions couleur ?
— Oui.
— Parfait, je vais en prendre une verte.

Une blonde était désespérée. Elle avait un urgent besoin d'argent. Elle décide de kidnapper un enfant et de demander une rançon. Elle va dans un parc et enlève un petit garçon; elle écrit une note : « J'ai kidnappé votre garçon. Laissez 100 000 $ dans un sac en papier brun au pied du cerisier demain matin à 6 h. Signé : La Blonde. » Elle épingle la note de rançon après la chemise du petit garçon et lui dit de s'en aller directement à la maison. Le lendemain matin à 6 h, elle retourne au parc et trouve un sac de papier brun avec 100 000 $ à l'intérieur au pied du cerisier, comme elle l'avait demandé. À l'intérieur du sac, il y avait une note : « Voici votre argent, je ne peux pas croire qu'une blonde a fait ça à une autre blonde. »

Tu sais que ça va être une maudite journée quand :
Ta femme te dit : « Bonjour Gérard » puis que tu t'appelles Raymond.
Tu mets ta brassière à l'envers puis qu'elle te fait mieux.
T'appelles la ligne anti-suicide puis ils te mettent en attente.
Ton patron te dit que ça ne vaut pas la peine d'enlever ton veston.
Ton frère jumeau oublie ta fête.

Deux femmes jasent ensemble :
— Ton mari et toi vous ne semblez pas avoir grand-chose en commun.
— Tu sais ce que c'est... les contraires s'attirent. Il n'était pas enceinte et je l'étais...

Pourquoi est-ce que le père Noël ne peut pas avoir d'enfants ?

Il vient seulement une fois par année, puis c'est dans la cheminée.

Il portait un toupet recyclé. En regardant bien, on peut voir où c'était écrit « Bienvenue ».

J'ai toujours voulu être policier jusqu'à ce que je réalise que j'étais allergique aux beignes.

À voir un homme, on ne peut pas toujours dire s'il est marié. Il a peut-être juste mal à la tête.

Heureusement qu'il y a la loi de la gravité. Sans ça, quand les oiseaux meurent, ils resteraient pognés dans les airs.

Ça peut être inquiétant quand tu passes 80, surtout s'il y a une auto de police derrière.

La première chose qu'un enfant apprend quand il reçoit une batterie en cadeau, c'est qu'il n'en aura jamais une autre…

Au gouvernement il y a tellement de pauses-café que les fonctionnaires ont de la misère à dormir sur la job.

Après un certain temps, les cheveux des hommes poussent par en dedans. Si les cheveux frappent de la matière grise, les cheveux grisonnent. S'ils ne frappent rien, les cheveux tombent.

Tu as atteint l'âge d'or quand ça te prend plus de temps à te reposer qu'à te fatiguer.

Tu as atteint l'âge d'or quand tu espères que personne ne va t'inviter samedi soir prochain.

Nos goûts changent en vieillissant. Les petites filles aiment les poupées et les petits gars aiment les soldats. En vieillissant, les filles aiment les soldats et les gars aiment les poupées.

Le problème quand tu prends ta retraite, c'est que tu sais jamais quel jour on est, quelle heure il est, où tu es supposé être, qu'est-ce que tu es supposé faire. Dans le fond, c'est comme travailler pour le gouvernement.

Le vieil employé va voir son patron et lui dit :
— Je pense que je vais prendre ma retraite bientôt. Mon docteur me dit que je deviens sourd. Je ne comprends plus ce que les clients me demandent.
Le patron lui répond :
— Comment, la retraite ? on va te mettre dans le département des plaintes !

— Mon ami policier qui faisait la circulation au coin de Peel puis Sainte-Catherine a perdu un œil dans un accident.
— Il ne pourra plus travailler !
— Oui, oui, il l'ont mis sur les « one way ».

Les seuls gens qui écoutent les deux côtés d'une chicane, ce sont les voisins.

Hier, j'ai trouvé ma femme couchée avec le livreur de pizza; elle m'a supplié de ne pas le dire au laitier.

Mon beau-père boit tellement que le dernier maringouin qui l'a piqué a été obligé de rentrer à la maison Jean-Lapointe.

Quand on parle de moralité, il ne faut pas être plus catholique que le pape. Après tout, il n'est écrit nulle part qu'Adam et Ève étaient mariés.

Apparemment, les ours sont attirés par les femmes en SPM. Un grizzli de 1 000 livres contre une femme de 120 livres avec des crampes, moi, je dis que c'est un combat égal !

La fille était bâtie comme une ancienne voiture, tout le poids en arrière.

Argumente-toi pas avec ta femme quand elle est en train de plier ton parachute.

Un chat de gouttière fait un détournement d'avion. Il met un pistolet sur la tempe du pilote et dit :
— Amène-moi aux Canaries !

Même un poisson ne serait pas dans le trouble s'il avait fermé sa gueule.

Mon ami a perdu 15 centimètres avec son nouveau régime. Maintenant, il n'a plus de pénis du tout.

Je sais qu'il y a des gens qui sont contre l'alcool au volant. Mais parfois, il n'y a pas le choix : les enfants doivent aller à l'école.

Une bonne chose à propos des égoïstes, c'est qu'ils ne parlent pas des autres.

Au gym, ma machine favorite c'est la machine à Coke.

Une extravagance, c'est n'importe quoi que tu achètes qui n'est pas utile à ta femme.

J'ai vu six gars en train de battre ma belle-mère. Mon voisin m'a dit :
    — Tu ne vas pas aider ?
    — Non, à six, ils vont en venir à bout !

Les amis sont comme les condoms, ils te protègent quand ça devient dur.

J'ai été à l'école française, j'ai appris à parler français. J'ai été à l'école anglaise, j'ai appris à parler anglais. J'ai été à la taverne, puis j'ai appris à parler tout seul.

Maintenant, j'ai des problèmes de foie : après trois fois, je ne suis plus capable.

Comment sauver un noyé ?
Sortez le noyé de l'eau; ensuite, sortez l'eau du noyé.

Les portes de coffre-fort ne gèlent jamais en hiver; c'est parce qu'elles ont une combinaison.

Dans un camping, un campeur dit à l'autre :
— Ça fait deux fois que votre chien mord ma belle-mère.
— Je regrette...
— Non, je voudrais acheter votre chien.

Ma sœur a trouvé une façon d'éliminer les rides. Quand elle se regarde dans le miroir, elle enlève ses lunettes.

Le gars passe en cour et est accusé d'avoir pratiqué le nudisme en pleine rue. Le juge lui demande :
— Est-ce que vous êtes marié ?
— Oui, votre honneur.
— Avez-vous des enfants ?
— Oui, votre honneur.
— Combien ?
— 18, votre honneur.
Le juge dit :
— Vous pouvez le relâcher, ce n'est pas un nudiste, cet homme-là n'a jamais eu le temps de remettre ses culottes !

Comment dit-on « Témoin de Jéhovah » en chinois ?
Ding dong.

Deux petits vieux discutent. Le premier demande à l'autre :

— Qu'est-ce que tu aimes le plus, Noël ou faire l'amour ?

— Noël, ça arrive plus souvent !

Un gars dit à l'autre :

— Tes mitaines te vont comme un gant.

Deux gars à la taverne. Un demande à l'autre :

— C'est quoi la différence entre une Cadillac et des morpions ?

L'autre répond :

— Je ne sais pas, je n'ai jamais eu de Cadillac.

J'ai connu un étudiant de cégep qui avait un anneau dans le nez, un anneau au nombril et un anneau au pénis. C'était pratique : il n'avait plus besoin de cartable.

— Ça fait trois semaines que mon voisin prend du Viagra.

— Sa femme doit être contente.

— Je ne le sais pas, ça fait trois semaines qu'elle ne l'a pas vu !

Deux hommes discutent ensemble à savoir s'ils sont de bons amants.

Le premier dit :

- Un bon amant, c'est quand la femme s'endort tout de suite après parce qu'elle est épuisée.

Le deuxième dit :

- Je dois être bon en maudit parce que ma femme s'endort toujours en plein milieu !

Qu'est-ce qu'une blonde dit lorsqu'elle voit le bonhomme Carnaval ?

Est-ce que je peux signer votre plâtre ?

La femme est dans la cuisine de sa voisine en train de jaser. La voisine ouvre la porte du réfrigérateur pour prendre le lait pour le café. La femme remarque qu'à l'intérieur de la porte, la voisine a collé une page centrale du Playboy. La femme lui demande qu'est-ce que la photo fait là. L'autre explique :

— J'ai mis la photo là pour me rappeler de suivre mon régime : lorsque j'ouvre la porte et que je vois la photo, ça me rappelle le corps que je voudrais avoir.

— Et puis, ça marche ?

— Oui et non. Moi j'ai perdu 5 livres, mais mon mari a pris 15 livres !

Dans un bar, un homme s'installe et commande un martini. Quand son verre arrive, l'homme enlève l'olive de son verre et la met dans un pot vide. Il boit son verre et commande un autre martini. Même chose, enlève l'olive et la met dans le pot. Et il recommence la même routine encore et encore… Après une quinzaine de martinis, le barman lui dit :

— Pourquoi vous faites ça ? Je n'ai jamais vu ça.

— Tu n'as jamais vu ça, une femme qui envoie son mari chercher un pot d'olives ?

Un homme entre chez lui à l'improviste et trouve un homme en dessous de son lit. Il demande à sa femme :

— Qu'est-ce que cet homme-là fait sous notre lit ?

La femme répond :

— En dessous, je ne sais pas, mais quand il est dessus, il fait des merveilles !

Aimez-vous les énigmes ?

Quel est votre numéro de téléphone ?

Inscrivez sur votre calculatrice les trois premiers chiffres de votre numéro de téléphone (excluant votre code régional);

Multipliez par 80;

Additionnez 1;

Multipliez par 250;

Additionnez les 4 derniers chiffres de votre numéro de téléphone;

Additionnez encore les 4 derniers chiffres de votre numéro de téléphone;

Soustrayez 250;

Divisez par 2

Et vous avez votre numéro de téléphone…

Comment sait-on qu'un homme va dire quelque chose d'intelligent ?

Quand il commence sa phrase en disant : « Ma femme m'a dit… »

Tu sais que tu bois trop quand le siège de toilette te tombe toujours sur la tête.

Deux femmes discutent ensemble. L'une dit à l'autre :

— On est mariés depuis 10 ans, mon mari et moi, puis on ne s'est jamais chicanés pour quoi que ce soit. Si jamais on n'est pas d'accord sur quelque chose et que j'ai raison, mon mari accepte toujours mon point de vue.

— Oui, mais si c'est lui qui a raison ?

— Ah ça, c'est pas encore arrivé !

L'autre soir, j'ai essayé le sexe par téléphone. Ça marche pas, les trous sont trop petits.

Pourquoi, quand un bateau coule, on crie toujours : « Les femmes et les enfants d'abord » ?
Parce qu'après, les requins n'ont plus faim ?

Le gars arrive à la maison, fier. Il arrive de la pharmacie et il a découvert une nouvelle sorte de condoms. Il montre la boîte à sa femme et lui dit :

— Tiens, regarde ce que je rapporte, des nouveaux condoms. Ils s'appellent les condoms Olympiques.

— Des condoms Olympiques, qu'est-ce qu'ils ont de spécial ?

— Il y a trois couleurs : or, argent puis bronze.
Sa femme lui demande :

— Quelle couleur vas-tu porter ce soir ?

— Tu me connais, je vais porter l'or, voyons…
Sa femme lui dit :

— Pourquoi est-ce que tu prendrais pas l'argent plutôt ? Ça serait le fun si pour une fois, tu finissais deuxième…

Pourquoi les blondes sortent-elles toujours avec les cheveux mouillés ?

Parce qu'avant de partir, elles disent au revoir à leurs poissons rouges.

On demande à un Américain :

— Quelle preuve avez-vous que l'Irak a des armes de destruction massive ?

L'Américain répond :

— On a gardé les factures !

Au salon de l'auto, comment reconnaître la nationalité des visiteurs ?

L'Allemand examine le moteur.

L'Anglais examine les cuirs.

L'Italien examine le klaxon.

L'Américain examine la taille.

Le Suisse examine le coffre.

Le Japonais examine tout.

Le Belge n'examine rien.

Le Québécois examine la vendeuse.

Quelles sont les deux possibilités d'éviter une pension alimentaire ?
1) Rester célibataire.
2) Rester marié.

— Quelle est la différence entre tromper sa femme et tromper l'impôt ?
— Si tu trompes l'impôt, il a encore envie de te baiser.

J'ai commencé à écrire ma biographie et je serais reconnaissant à quiconque pourrait me dire ce que j'ai fait entre 1955 et 1975.
Signé : Claude Blanchard

La chose la plus difficile dans la boxe professionnelle, c'est d'apprendre à ramasser ses dents avec des gants de boxe.

C'est toujours pareil. Le peu de fois où l'homme se mêle de faire la cuisine, c'est en général pour faire un BBQ. Qu'est-ce qui arrive ce jour-là ?

1) La femme va à l'épicerie.

2) La femme prépare la salade, les légumes et le dessert.

3) La femme prépare la viande, la place sur le plateau avec les ustensiles et l'apporte à l'homme qui est étendu dans une chaise longue à côté du BBQ, en train de prendre une bière.

4) L'homme place la viande sur la grille.

5) La femme va à l'intérieur mettre la table et vérifie la cuisson des légumes.

6) La femme retourne à l'extérieur pour dire à son mari que la viande est en train de brûler.

7) L'homme enlève la viande de sur la grille et l'apporte à sa femme.

8) La femme prépare les assiettes et les apporte sur la table.

9) Après le repas, la femme dessert la table et fait la vaisselle.

10) L'homme demande à sa femme si elle a apprécié de ne pas faire la cuisine et, devant son air bête, il en conclut que les femmes ne sont jamais contentes !

Elle : Raym...
Lui : Oui, mo...
Elle : Je pense que je voudrais être incinérée.
Lui : D'accord, mets ton manteau !

Une femme est allée voir son chirurgien esthétique et lui a demandé de la faire ressembler à Britney Spears. Il lui a fait une lobotomie.

Le téléphone cellulaire : le seul sujet de conversation entre hommes où l'on se vante d'avoir le plus petit.

Un alcoolique, c'est quelqu'un que vous n'aimez pas et qui boit autant que vous.

Le président Bush est contre l'avortement mais pour la peine de mort. En somme, c'est la vraie philosophie du pêcheur : rejette-les à l'eau quand ils sont petits, attends qu'ils soient gros pour les tuer.

Je me souviens parfaitement de la première fois où j'ai fait l'amour; j'ai encore le reçu.

Les femmes croient plus aux fantômes que les hommes. Elles ont de l'expérience : elles font l'amour avec un homme et, le temps de se retourner, il a disparu !

Ma femme voulait que je l'emmène dans un endroit dispendieux pour la fin de semaine. Je l'ai emmenée chez Pétro-Canada.

Ma femme s'étend tellement qu'elle prend toute la place dans le lit. Je lui ai dit :

— Je suis tanné d'avoir seulement deux pouces dans le lit !

Elle m'a répondu :

— Plains-toi pas, c'est de ça que je me contente depuis qu'on est mariés !

Dans un bureau de fonctionnaires, la seule chose qui ne risque pas de se faire voler, ce sont les horloges : tout le monde a un œil dessus.

Sur un site de rencontre sur Internet, une femme m'écrit :

— J'ai des miroirs partout dans ma chambre, même au plafond; apporte une bouteille...

J'ai apporté une bouteille de Windex !

La première fois que je me suis déshabillé tout nu devant une femme, elle s'est mise à crier… tellement que le chauffeur m'a sorti de l'autobus !

Un sondage sur les habitudes sexuelles des Québécois a révélé que 8 % des gens pratiquaient des activités sexuelles au-delà de 4 fois par semaine. Fait intéressant, ce chiffre tombe à 2 % lorsqu'on ajoute « avec un partenaire ».

J'ai regardé le Grand Prix du Canada et je me suis dit : au lieu de commencer le Grand Prix à 1 h, si on le commençait à 11 h 30, ils ne seraient pas obligés d'aller si vite !

Ma femme avait peur de la noirceur. Depuis qu'elle m'a vu tout nu, elle a peur de la clarté !

Dans un bar, le gars dit à la fille :
— C'est toi qui a une sœur sexy à mort ?
— Non, c'est ma sœur !

Mes parents n'ont jamais trouvé que j'étais vraiment beau. Quand mon père faisait des films sur la famille, il engageait un autre petit gars pour jouer mon rôle.

Ma femme aime le sexe olympique : une fois tous les quatre ans.

J'ai demandé à ma mère si j'avais été adopté. Elle m'a dit :
— Non, mais pourtant on avait mis des annonces…

Une femme se marie en espérant qu'il va changer et il ne change pas.

Un homme se marie en espérant qu'elle ne changera pas et elle change.

La première partie de notre mariage a été très heureuse, mais en revenant de l'église...

Rien qu'à voir, on peut pas dire si deux gars sont gays. Mais si deux gars s'embrassent, tu peux te douter qu'au moins un des deux l'est...

C'est bien d'avoir des cheveux gris. Demande à n'importe quel chauve...

Ma femme vient d'apprendre que je vais être papa pour la première fois. Le problème, c'est qu'on a déjà deux enfants...

J'ai dit à ma belle-mère de faire un voyage aux Mille-Îles. Je lui ait dit de passer au moins une semaine dans chaque île...

J'ai perdu mon emploi. En fait, j'ai pas vraiment perdu mon emploi. Je sais où il est, mais c'est juste que, quand j'y vais, il y a un autre gars qui fait la job à ma place. J'ai perdu ma blonde. En fait, j'ai pas vraiment perdu ma blonde. Je sais où elle est, mais c'est juste que, quand j'y vais, il y a un autre gars qui fait la job à ma place.

Mon chien est tellement paresseux qu'il ne court pas après les voitures; il s'assoit et prend les numéros de plaques.

Au Texas, une femme a tué son mari à cause de ses flatulences. Elle a été condamnée à la chambre à gaz.

Pourquoi est-ce que les blondes prennent la pilule ? Pour savoir quel jour on est.

La boxe, c'est bizarre : où est-ce qu'on peut trouver deux hommes en culottes de satin qui se battent pour une ceinture et où le gagnant reçoit une bourse… Et on va venir me dire que c'est un sport macho !

La taille n'est pas tout dans la vie : les baleines sont en voie d'extinction pendant que les fourmis se portent très bien !

J'ai trouvé un serpent dans ma cour. J'ai pris ma pelle et je l'ai coupé en deux. J'ai été une semaine pas de câble…

Le vieux se plaint :

— Je me réveille le matin, ça me prend une demi-heure pour trouver mes lunettes pour que je puisse chercher mes dentiers pour pouvoir demander à ma femme si elle a vu ma perruque.

Deux blondes sous la douche.

— Passe-moi un autre shampoing.

— Tu en as un à côté de toi.

— Je le sais, mais celui-là, c'est pour les cheveux secs et là, j'ai les cheveux mouillés !

Ma femme et moi, on a un arrangement. Un soir par semaine, je sors avec les boys et un soir par semaine, elle sort avec les boys.

Un homme qui attendait en ligne devant un téléphone public perd patience. Il ouvre la porte de la cabine et dit au monsieur à l'intérieur :

— Ça fait 15 minutes que vous tenez le téléphone et que vous ne parlez pas…

— Excusez-moi monsieur, mais je parle à ma femme !

Un bonhomme meurt et arrive au ciel. Après avoir évalué ses péchés et ses bons gestes, on décide de l'envoyer en enfer. Une semaine plus tard, on le transfère au ciel. Trois jours plus tard, on le ramène en enfer. Le bonhomme demande à l'ange qui l'escorte :

- Pourquoi est-ce que vous me trimbalez comme ça d'un bord et de l'autre ? qu'est-ce qui se passe ?

L'ange lui dit :

- Quand on a évalué votre dossier, on a décidé de vous envoyer chez le diable. Pendant que vous étiez là, votre fils a donné 10 000 $ à l'église, alors on vous a sorti de là et on vous a amené au ciel. Trois jours plus tard, le chèque a rebondi !

Une femme mariée depuis 20 ans dit à son mari :

— On devrait aller dans le parc et faire ça sur un banc. Le mari :

— Es-tu après venir folle…

— Non, non, je veux me sentir comme dans mon jeune temps…

Finalement le mari accepte. Pendant l'action, un policier les surprend et leur donne à chacun une contravention : 100 $ pour la femme et 200 $ pour le mari. La femme demande :

— Pourquoi est-ce que je paye seulement 100 $ et que lui en paye 200 ?

Le policier répond :

— Vous, c'est la première fois, mais lui ça fait 4 ou 5 fois que je le pogne !

Un gars rencontre son ami dans la rue. L'ami lui dit :

— On m'a dit que tu avais un petit pénis. L'autre répond :

— Je le savais que ta femme avait une grande gueule…

Un gars avait une ruche d'abeilles dans sa cour. Un jour, une abeille entre dans sa salle de bain et le pique sur le bout du pénis. Ça commence à enfler. La femme l'emmène chez le médecin. Le docteur regarde ça et dit à la femme :

— Je vais vous donner un médicament qui va le ramener à sa taille normale.

La femme répond :

— Non, Docteur; pourriez-vous me donner quelque chose pour qu'il reste enflé comme ça !

Ma femme est tellement grosse que, chaque fois qu'elle monte dans un taxi, le chauffeur l'amène à la maternité.

Un gars est dans un restaurant avec sa femme. Le garçon s'adresse au monsieur :

— Qu'est-ce que je vous apporte ?

— Un steak

Le garçon répond :

— Avez-vous pensé à la vache folle ?

— Oui, apportez-lui une salade.

Une fille entre dans une pharmacie et demande au commis :

— Avez-vous des condoms grandeur « extra large » ?

— Oui, en voulez-vous ?

— Non, mais si ça vous dérange pas, je vais attendre que quelqu'un en achète...

Comment savez-vous que vous êtes dans une église gay ?

Seulement la moitié des enfants de chœur sont à genoux.

Pourquoi est-ce que les prêtres sont contre les condoms ?

Parce que ça prend dans les broches des enfants de choeur.

Un gars arrive au bordel, baisse son pantalon et sort une quéquette de 18 pouces. La fille lui dit :

— Moi, je ne peux pas prendre tout ça, je vais juste te faire une pipe.

Le gars lui répond :

— Ça ne m'intéresse pas, ça : je suis capable de faire ça moi-même !

Quelle est la définition d'un amour brûlant ?

Quand tu penses prendre de la vaseline et qu'à la place tu prends le pot de Vicks.

Le jeune homme demande à la fille :

- Si j'essaie de te faire l'amour, vas-tu appeler à l'aide ?
- Seulement si tu en as besoin.

Un gars entre dans un bar. Il commande six double whiskies et les boit rapidement un après l'autre. Le barman lui demande :

— Hé l'ami, célèbres-tu quelque chose ?

— Ma première pipe.

— C'est super, je t'offre un autre verre !

— Non merci, si six whiskies m'ont pas encore enlevé le goût, c'est pas un de plus qui va le faire !

Un homme arrive de travailler. Aussitôt entré, sa femme saute sur lui, baisse son pantalon et lui fait une pipe. Il la regarde et lui demande :

— OK Linda, qu'est-ce que tu as fait à l'auto ?

Une femme appelle son gynécologue et lui demande :

— Docteur, est-ce que j'ai laissé mes petites culottes dans votre bureau ?

— Non, il n'y a pas de petites culottes ici.

— Merci Docteur, je dois les avoir laissées chez le dentiste !

Qui est l'homme le plus populaire dans un camp de nudistes ?
Celui qui peut transporter deux cafés et une douzaine de beignes.

Qu'est-ce qu'il y a de bien avec une fille qui a de très petites mains ?
Elle fait paraître votre quéquette plus grosse.

Un couple est en train de faire l'amour. La femme demande à l'homme d'entrer un autre doigt. Il lui demande :
— Qu'est-ce que tu veux faire, siffler ?

Qu'est-ce que la cuisse gauche d'une blonde dit à sa cuisse droite ?
— Entre nous deux, on peut faire beaucoup d'argent...

Un père dit à son fils :

— Mon fils, il faut que tu arrêtes de te masturber ou tu vas devenir aveugle.

Le fils répond :

— Papa, je suis ici !

Le fils demande à son père :

— Papa, est-ce que je peux avoir 20 $ pour une pipe ?

Le père répond :

— Je ne le sais pas, fais-tu bien ça ?

Quelle est la différence entre un intellectuel et un homosexuel ?

L'intellectuel a le petit Larousse dans la tête et l'homosexuel a le petit Robert dans le c...

Deux policiers discutent à propos de leur vie amoureuse. Le premier dit :

— Ma femme perd toujours l'intérêt au milieu de nos ébats amoureux.

L'autre répond :

— Tu devrais faire comme moi : quand ma femme perd l'intérêt, je tire un coup de revolver. Ça lui fait tellement peur que ça l'excite, au point qu'elle est meilleure qu'avant !

La semaine suivante, ils se rencontrent à nouveau et l'ami demande :

— As-tu essayé la méthode du pistolet ?

— Toi puis ta maudite méthode. Parle-moi-z-en pas… On était en train de faire le 69 quand j'ai tiré le coup de revolver. Ma femme a eu assez peur qu'elle m'a mordu la quéquette, elle m'a pété dans la face et au même moment, un gars est sorti du garde-robe, les mains en l'air.

Qu'est-ce qu'un patron dit à sa secrétaire blonde quand elle se lève pour quitter son bureau ?

— Attention de ne pas te cogner la tête sur le pupitre.

Une petite fille demande à sa mère :

— Maman, d'où viennent les bébés ?

La mère répond :

— Ma chérie, quand un homme et une femme s'aiment, ils font l'amour : c'est quand l'homme met son pénis dans le vagin de la femme et ça, ça donne un bébé.

— Mais maman, hier je t'ai vu mettre le pénis de papa dans ta bouche. Ça, qu'est-ce que ça donne ?

— Des bijoux.

La femme dit à son mari :

— J'aimerais ça avoir plus de seins.

— Es-tu folle, deux, c'est bien assez !

Un journal découpé en morceaux n'intéresse pas une femme. Mais une femme découpée en morceau, ça intéresse les journaux !

Étapes de la vie sexuelle des hommes :

15 – 20 ans Comme un scout : Toujours prêt;

20 – 30 ans Comme un soldat : Toujours l'arme à la main;

30 – 40 ans Comme un braconnier : Toujours en terrain défendu;

40 – 50 ans Comme un facteur : Gros paquet, petite surprise;

50 – 60 ans Comme le gouvernement : Des promesses, des promesses...

Parce qu'il a couché avec sa femme de ménage, sa femme déménage.

Dans quelle ville habitent les gens qui font l'amour...
deux fois semaine : Deux-Montagnes
trois fois semaine : Trois-Rivières
sept fois semaine : Sept-Îles
vingt fois semaine : Cap-Rouge

Dernièrement, je me suis acheté un set de patio 25 morceaux : une chaise longue puis une caisse de 24.

Aujourd'hui j'ai voulu me faire couper les cheveux, je n'ai pas pu... j'avais la tête ailleurs.

— Toi, tu ne te feras jamais frapper par un train.
— Pourquoi ?
— T'es toujours à côté de la track !

Pourquoi est-ce que les femmes n'ont pas de pénis ? Parce que c'est un kit qui vient avec le cerveau.

On tombe en vacances et on se relève pour aller travailler.

Le gynécologue dit à la blonde :

— J'ai une bonne puis une mauvaise nouvelle pour vous. La bonne, c'est que vous allez pouvoir avoir des enfants. La mauvaise, c'est qu'ils vont vous ressembler.

Un poisson qui en frappe un autre dit :

— Excuse-moi, j'avais de l'eau dans les yeux !

Un homme dépense une fortune pour habiller sa femme et une fortune pour déshabiller sa maîtresse.

Quelle est la différence entre un drogué, une couturière et un Anglais ?
Le drogué se pique le bras;
La couturière se pique le doigt;
L'Anglais speak english.

Définition d'un dictionnaire :
L'intelligence d'une femme et l'épaisseur d'un homme.

Quelle est la différence entre une date d'anniversaire, un clitoris et un bol de toilette ?
Il n'y en a pas, les hommes passent toujours à côté !

Ma femme m'a laissé. Je devrais dire ma femme m'a quitté parce qu'elle m'a rien laissé.

J'ai avoué à ma femme que je voyais un psychiatre. Elle, elle m'a dit qu'elle voyait un psychiatre, un plombier puis deux barmans.

Un homme achète un équipement complet pour faire de la plongée sous-marine. Ça lui coûte 2 000 $. Il descend à 150 pieds dans l'eau et voit toutes sortes de poissons exotiques. Il se dit : « Ça vaut vraiment 2 000 $, c'est formidable. » Il descend un autre 50 pieds et voit d'autres poissons encore plus colorés, de différentes formes, une flore aquatique comme il n'en a jamais vu et soudainement, il arrive face à face avec un gars qui, lui, n'est qu'en costume de bain. Alors, il sort son tableau pour écrire une note à l'homme en maillot : « Je viens de dépenser 2 000 $ pour mon équipement et toi tu es là, en maillot de bain, à 200 pieds de profondeur. Comment ça se fait ? » et il lui passe le tableau. L'autre écrit : « Maudit niaiseux, tu vois bien que je suis en train de me noyer ! »

Un homme entre dans une école de parachutistes. Il demande à l'instructeur :

— Il faut réussir combien de sauts avant d'obtenir son diplôme ?

— Il faut les réussir tous…

La femme est composée de 70 % d'eau et de 30 % de collagène.

Le gars arrive à l'aéroport, il dit au commis :

— J'ai trois valises. Envoyez-en une à New York, une à Toronto et l'autre à Miami.

— Non Monsieur, c'est impossible.

— Comment impossible ? vous l'avez fait la dernière fois !

Mon beau-père est assez gros : il faut qu'il enlève son pantalon pour fouiller dans ses poches.

Avez-vous remarqué que, dans un aéroport, la première valise qui sort sur le tapis roulant n'appartient jamais à personne.

Beaucoup d'hommes pensent que plus une femme a de gros seins, moins elle est intelligente. Je pense que c'est plutôt le contraire : plus une femme a de gros seins, moins les hommes sont intelligents…

Le seul avantage de la maladie de Parkinson, c'est qu'on peut préparer un cocktail en cinq secondes.

Adolescent, j'étais pyromane; on m'a placé dans un foyer.

Mon chien est à moitié pitbull et à moitié labrador : il arrache les jambes, puis il les rapporte.

Si les fantômes passent à travers les murs, pourquoi est-ce qu'ils ne tombent pas à travers les planchers ?

J'ai été un homme dans un corps de femme. Avant ma naissance, bien entendu…

On a des appartements séparés, on prend nos vacances séparément, on ne mange jamais ensemble. Finalement, on fait tout pour que notre mariage dure.

Si Dracula ne se reflète pas dans les miroirs, comment ça se fait qu'il est toujours bien peigné ?

Le juge à l'accusé :
— Vous n'avez rien ressenti quand vous avez coupé votre femme en morceaux pour la faire cuire ?
— Oui, à un moment, je me suis mis à pleurer.
— À quel moment ?
— Quand j'ai coupé les oignons !

Un homme rend visite à son père âgé de 85 ans à l'hôpital. Il lui demande comment ça va. Le vieux monsieur répond :

— On prend bien soin de moi ici : la nourriture est bonne, on me soigne bien, les gardes-malades sont fines. Est-ce que vous dormez bien ?

— Pas de problème, je dors 9 heures par nuit sans me réveiller. À 10 h, on me donne une tisane puis une pilule de Viagra; c'est très bon puis je dors dur.
Le fils se demande s'il a bien compris. Il va voir la garde-malade pour en avoir le cœur net. Il lui dit :

— Mon père me dit que vous lui donnez une pilule de Viagra avant qu'il s'endorme, est-ce que c'est vrai ?
La garde-malade répond :

— Votre père a raison. Tous les soirs vers 10 h on lui apporte une tisane puis une pilule de Viagra. Ça marche très bien. La tisane le fait dormir puis le Viagra l'empêche de rouler en bas du lit.

Qu'est-ce qu'on dit à un homme avec lequel on vient juste de faire l'amour ?
Dites n'importe quoi, de toute façon, il dort déjà !

Quel est le point commun entre les nuages et les hommes ?

Quand ils s'en vont, on peut espérer une belle journée.

La femme dit à son mari :

— Je m'en vais chez la voisine emprunter une tasse de sucre. J'en ai pour cinq minutes.

— OK.

— N'oublie pas d'arroser le poulet toutes les 20 minutes.

Aimes-tu sentir un corps contre toi ?

Sentir un souffle, une odeur, changer souvent de position,

Entrer, sortir, par en arrière, par en avant,

T'aimes ça ?

Bien, prends l'autobus !

PROVERBES PHILOSOPHIQUES :

Rien ne sert de partir à point
pour aller nulle part.

N'oubliez pas que vous êtes unique
comme tout le monde.

La vie est un long fleuve tranquille;
encore faut-il savoir nager.

Le fait que le monde soit peuplé d'imbéciles
nous permet de ne pas nous faire remarquer.

Une erreur peut devenir exacte :
il suffit que celui qui l'a commise se soit trompé.

L'éternité, c'est très long,
surtout vers la fin.

Pourquoi Dieu a-t-il créé l'homme avant la femme ?
Parce qu'on fait toujours les expériences sur les singes.

À la douane en Colombie :
— Vous avez de l'alcool ?
— Non.
— Vous avez des armes ?
— Non.
— Vous avez de la drogue ?
— Non.
— En voulez-vous ?

Un gars rencontre un de ses amis :
— Qu'est-ce que tu fais de bon ?
— Je suis pompier.
— Justement, j'ai mon garçon de 15 ans qui veut devenir pompier lui aussi.
— Si tu veux un bon conseil, fais installer dans ta maison un poteau qui descendrait au sous-sol pour que ton gars puisse s'exercer. Parce que, ce qu'il y a de plus difficile pour les pompiers, c'est de sauter dans le vide et d'attraper le poteau.
Les deux même gars se revoient 10 ans plus tard :
— Puis ton fils, est-ce qu'il est devenu pompier ?
— Non, mais mes deux filles sont devenues danseuses !

Un jour, un gars va s'acheter une moto très puissante. Il en est très fier et décide d'aller faire un tour pour l'essayer. Il s'arrête à une lumière rouge et à côté de lui, il voit un ridicule et minuscule petit scooter. Il s'adresse au conducteur et lui dit :

— Regarde bien la puissance de ma moto.

La lumière devient verte et vroom, il est parti. Il regarde à côté et, à sa grande surprise, le scooter le suit. Il donne encore plus de gaz, bien décidé à perdre le petit maudit scooter. Malgré ça, le scooter le suit encore. Enragé, il décide de mettre les gaz au maximum et le scooter le suit toujours. Le gars qui a la moto s'arrête, découragé. Il demande à l'autre :

— Quelle sorte de maudit moteur tu as dans ton scooter ?

- C'est pas le moteur, mes bretelles sont pognées dans ton miroir !

Que fait une blonde quand on lui donne un éventail ? Elle remue la tête.

Un gars dans la cinquantaine souffre d'une maladie dégénérative du système digestif et doit absolument boire le lait chaud et frais d'une nourrice. Il place une petite annonce dans le journal et, finalement, une nourrice lui offre ses services, moyennant une bonne rétribution. Le bonhomme commence sa première tétée, un peu gauchement mais finalement tout va très bien. Après plusieurs séances quotidiennes, la nourrice ressent un petit feeling pas déplaisant du tout. Un moment donné, au plus fort du traitement, elle lui demande d'une voix tremblante :

— Aimerais-tu autre chose avec ça ?

— Oui, j'osais pas le demander, mais… aurais-tu des petits biscuits s'il te plaît ?

Comment rendre un homme fou au lit ?
Cacher la télécommande de télévision.

Pourquoi est-ce que les hommes sifflent mieux que les femmes ?
Parce qu'ils ont une cervelle d'oiseau.

Dans un couvent à la campagne, la mère supérieure agonise. Depuis quelques jours, les religieuses s'affairent autour d'elle. Sœur Huguette lui donne un peu de thé. La moribonde y trempe les lèvres et n'en veut pas. Sœur Suzanne va à la cuisine, elle se souvient que Sœur Yvette garde une bouteille de cognac depuis des années. Sœur Suzanne verse du cognac dans un verre de lait, beaucoup de cognac, et retourne à la chambre de mère supérieure. Tenez Mère, je vous apporte du bon lait; goûtez. La mère supérieure y trempe les lèvres une fois, deux fois, trois fois et finalement, elle boit tout. La mère supérieure dit :

— Je sens que je vais mourir.

Sœur Suzanne demande :

— Avant de nous quitter, avez-vous un dernier conseil à nous donner ?

Les deux religieuses se penchent vers la mère supérieure qui leur dit :

— Vendez jamais cette vache-là !

Un gars dit à un de ses chums :

— Au début de notre mariage, ma femme m'apportait mes pantoufles puis mon chien jappait. Aujourd'hui, mon chien m'apporte mes pantoufles puis ma femme jappe.

— Qu'est-ce que tu as à te plaindre, tu as le même service.

— Ma femme est une jumelle
— Comment fais-tu pour les différencier ?
— Son frère est pas mal plus grand.

Une femme demande à l'autre :

— Comment tu fais pour avoir de l'argent de ton mari ?

— Je lui dis que je retourne chez ma mère; il me donne toujours de l'argent pour mon billet d'avion !

Un gars se plaint à un de ses amis :

— L'amour avec ma femme, c'est de la routine tout le temps. C'est ennuyant.

— Sers-toi de ton imagination. Pourquoi tu ne t'amuserais pas à jouer avec elle au docteur pendant une heure ?

— Tu as raison, c'est une bonne idée. Mais comment faire pour faire durer ça une heure ?

— Laisse-la niaiser dans la salle d'attente pendant 45 minutes !

Un homme demande à sa femme blonde :

— Peux-tu me dire pourquoi mes pantalons ne sont jamais repassés en dessous du genou ?

— Justement, je voulais t'en parler, pourrais-tu acheter une rallonge pour le fil du fer à repasser.

La belle-mère visite sa fille puis son gendre. C'est son gendre qui vient ouvrir la porte :

— Ah belle maman, ça faisait longtemps qu'on vous avait vue. Vous allez rester combien de temps avec nous autres ?

La belle-mère répond à la blague :

— Jusqu'à ce que vous soyez tannés de me voir !

— Ah oui ? Vous allez au moins prendre un petit café avant de partir.

Si les femmes menaient le monde, on n'aurait pas de guerre. Mais on aurait des maudites chicanes aux 28 jours…

Quelle est la différence entre un homme et un chat ?
Il y en a un qui est paresseux, qui pense rien qu'à dormir, qui se fout de qui lui apporte à manger et l'autre est un animal domestique.

Le mari demande à sa femme :
— Veux-tu une Mercedes pour ton anniversaire ?
— Non merci.
— Veux-tu un vison ?
— Non merci.
— Veux-tu un voyage à Paris ?
— Non merci.
— Veux-tu un collier de perles ?
— Non merci.
— Qu'est-ce que tu veux ?
— Un divorce !
— Je ne pensais pas dépenser autant...

Ma femme veut toujours me parler en faisant l'amour. Hier, elle m'a appelé du motel !

Dans un cinéma porno, on entend des gémissements. Le placier vient voir l'individu :

— Voyons, Monsieur, un peu de dignité

— AAAAAAaaaaaaaaaaaaaaaaaaaa…

Le bonhomme gémit encore.

— Un peu de silence, vous n'êtes pas tout seul, puis relevez-vous, vous êtes ridicule…

Il gémit encore :

— AAAAAAaaaaaaaaaaaaa…

— Là, ça suffit, montrez-moi votre billet.

Il lui montre son billet.

— Vous n'êtes même pas à votre place, c'est un billet pour le balcon.

— AAAAAAaaaaaaaa, je viens de tomber…

L'agent James Bond 007, entre dans un bar et s'assoit à côté d'une superbe fille, comme il en fréquente dans ses films. Il la regarde et regarde sa montre. Elle lui demande :

— Est-ce que la personne que vous attendez est en retard ?

— Non, j'ai une nouvelle high-tech et je la teste.

— Ah, qu'est-ce qu'elle a de spécial votre montre ?

Drôle en titi !

— Elle utilise des ondes alpha pour communiquer avec moi.

— Et qu'est-ce qu'elle vous dit en ce moment ?

— Elle me dit que vous ne portez pas de culotte...

La femme sourit et lui répond :

— Elle doit être cassée votre montre parce que je porte une culotte...

007 se met à remuer sa montre et dit :

— Elle doit avancer d'une heure...

Une brune, une blonde et une rousse sont en secondaire I. Laquelle a les plus gros seins ?

La blonde, parce qu'elle a 18 ans.

Définition d'un célibataire : c'est un maudit pervers macho qui, quelque part, prive une femme d'une pension alimentaire.

J'ai été en amour avec la même femme pendant 40 ans. Si ma femme apprend ça, elle va me tuer !

Une institutrice demande à ses élèves :

— Faites-moi une phrase avec « Et pourtant » Vas-y Serge, commence.

— Hier, j'ai été à la pêche avec mon père et pourtant il pleuvait.

— C'est pas mal, à ton tour Olivier.

— Le chat a attrapé une souris sous la pluie et pourtant c'était très glissant.

— C'est pas mal non plus. À toi Gérard.

— Les filles mouillent entre les jambes et pourtant elles ne rouillent pas.

L'institutrice n'est pas contente :

— Tu me copieras 100 fois « Je ne raconte pas de grossièretés en classe » et demain, tu me donneras une autre phrase correcte avec « Et pourtant ».

Le lendemain, Gérard remet sa copie et l'institutrice lui demande sa nouvelle phrase. Il dit :

— La terre est ronde et pourtant ça baise dans tous les coins !

Deux gars d'un certain âge parlent de vieillissement :

— Avec les femmes, c'est pire : elles refusent de reconnaître qu'elles vieillissent et refusent toujours d'admettre leurs petits bobos.

— Je le sais, mais j'ai trouvé un bon moyen pour les prendre au jeu. Si tu veux savoir si ta femme commence à être sourde, tu te places à peu près à 20 pieds d'elle puis tu lui poses une question. Si elle ne répond pas, approche à 15 pieds, puis approche à 10 pieds, puis à 5 pieds. Elle va bien être obligée d'avouer qu'elle est sourde. Le bonhomme trouve que c'est une maudite bonne idée. En rentrant chez lui, il s'installe à 20 pieds de sa femme et lui demande d'une voix forte :

— Qu'est-ce qu'on mange pour souper ?

Pas de réponse. Il s'approche à 15 pieds et lui demande encore :

— Qu'est-ce qu'on mange pour souper ?

Toujours pas de réponse. Il s'approche à 10 pieds. Même question, pas de réponse. Finalement, il s'approche à 5 pieds et il crie :

— Qu'est- ce qu'on mange pour souper ?

Sa femme se retourne et lui dit :

— Ça fait quatre fois que je te le dis, du poulet !

Le jeune homme demande à la fille :

— Jure-moi que tu n'as jamais eu d'autres hommes avant moi.

— Je te le jure sur la tête de ma fille !

Un père et un fils qui vivaient à Ottawa déménagent à Montréal. Le fils demande à son père :

— Maintenant qu'on habite au Québec, on est quoi ?
— On est Québécois.
— Puis avant, qu'est-ce qu'on était ?
— Ontariens (On était rien) !

Je reviens d'un voyage de plaisir : je viens d'aller reconduire ma belle-mère à l'aéroport.

Le gars dit à sa femme :

— J'ai trouvé une nouvelle façon de faire l'amour.
— Ah oui, comment ?
— Dos à dos !
— Comment on fait ça ?
— C'est pas compliqué, on invite un autre couple !

La seule fois où ma femme et moi on a eu un orgasme en même temps, c'est quand le juge a signé nos papiers de divorce.

Mon ex-femme était multiorgasmique : mariés pendant neuf ans… deux orgasmes, puis j'étais pas là pour ni l'un, ni l'autre; c'est des gars au bureau qui me l'ont dit.

On était mariés pour le meilleur et pour le pire. Elle ne pouvait pas frapper meilleur puis moi je ne pouvais pas frapper pire !

À l'halloween l'an dernier j'ai eu une mauvaise expérience. J'en ai mangé une maudite : je suis allé au party déguisé en piñata.

Je suis allé au casino de Montréal avec ma Mercedes de 80 000 $ puis je suis revenu dans un autobus de 200 000 $!

Je vous dis que la vie est dure. Ce matin, j'ai fait mes push-ups tout nu. J'avais pas vu la trappe à souris…

Conduisez pas quand vous avez pris un coup. À la place, rentrez chez St-Hubert BBQ, commandez un poulet et, quand y vont le livrer chez vous, embarquez avec le chauffeur !

Je bois trop. La dernière fois que j'ai donné un échantillon d'urine, il y avait une olive dedans !

Un petit gars de 5 ans, debout à la porte d'un dépanneur, est en train de fumer. Une vieille dame sort et, choquée, elle lui demande :

— Ça fait combien de temps que tu fumes ?
— Depuis la première fois que j'ai fait l'amour !
— Puis c'est arrivé quand, ça ?
— J'm'en rappelle pas, j'étais paqueté !

Quelle est la différence entre le grand amour et puis l'herpès ?
L'herpès dure pour la vie.

Quelle est la différence entre un cercueil et un condom ?
Il n'y en a pas, les deux contiennent un corps raide.

Qu'est-ce qui vient après 69 ?
Listerine.

Une naine va chez le médecin :

— Docteur, aidez-moi : chaque fois qu'il pleut, j'ai une douleur dans les aines.

Le docteur l'examine. Après quelques minutes, il lui dit qu'il a trouvé la cause de son problème et que c'est réglé.

— Docteur, je me sens mieux, qu'est-ce que vous avez fait ?

— J'ai coupé deux pouces dans le haut de vos bottes.

Pourquoi est-ce que le gynécologue s'est servi de deux doigts ?

Il voulait une deuxième opinion.

Deux commis de bureau sont assis à la cafétéria du bureau. Ils ne se connaissent pas et commencent à parler. Le premier est nerveux, boit café après café; il fume, se ronge les ongles et est anxieux de finir sa pause-café. L'autre est détendu; il lit le journal, prend une petite gorgée de jus de temps en temps et est très relax. Le premier le remarque et lui dit :

— J'ai du travail par-dessus la tête, j'ai des piles de courrier auquel j'ai pas le temps de répondre. Plus ça va, plus le travail s'accumule. J'ai pas une minute à moi. Comment ça se fait que toi tu as autant de temps devant toi ?

Le gars calme lui dit :

— J'ai ma méthode de travail, ma façon de me débarrasser du courrier. Chaque fois que j'ai une lettre, j'écris : « Envoyer ça à Richard » Comme on est dans un grand bureau, je suis sûr que, quelque part, il y a un employé qui s'appelle Richard.

L'autre se lève et lui donne un coup de poing sur la gueule.

— Qu'est-ce qui te prend ? pourquoi tu as fait ça ?

— C'est moi Richard !

Deux gars se promènent sur la rue. Un dit à l'autre :

— Regarde de l'autre côté de la rue, sur le trottoir, c'est ma femme puis ma maîtresse.

L'autre lui répond :

— C'est fort, j'allais dire la même chose...

Une femme met une annonce sur Internet pour trouver un partenaire qui est grand, brave et qui est du genre étalon. Deux jours plus tard, arrive un gars de six pieds, les deux bras dans le plâtre et qui lui dit :

— Je suis ici pour répondre à votre annonce.

La femme dit :

— Je vois que vous êtes grand, je vois aussi que vous devez être brave. Les deux bras dans le plâtre me disent que vous avez dû faire quelque chose de brave. Mais êtes-vous du genre étalon ?

— Je ne peux pas me servir de mes mains.

— C'est vrai.

— Avec quoi vous pensez que j'ai cogné à la porte…

Deux gars, assis dans un bar. Un dit à l'autre :

— Je vais te raconter une histoire de blonde.

Au même moment, quelqu'un lui tape sur l'épaule, il se retourne et derrière lui, il voit trois blondes. Une des blondes lui dit :

— Avant que tu commences ton histoire, je vais te dire quelque chose. Moi, je suis ceinture noire de karaté, ma copine est championne de lutte professionnelle, puis la troisième, elle est championne de poids et haltères. Penses-y comme il faut : as-tu toujours le goût de raconter ton histoire ?

— Non, non, pas si je suis obligé de l'expliquer trois fois !

Un homme de 90 ans entre dans une compagnie d'assurance et dit au commis qu'il veut une assurance. Le commis lui dit :

— Je regrette mais, à votre âge, on ne donne pas d'assurance.

— Voyons donc, mon père vit encore !

— Là, si votre père vit encore, c'est autre chose.
Le commis va voir son gérant, discute avec lui. Il revient et dit au bonhomme :

— Revenez demain à 10 h, on va vous donner une assurance.

— Demain, je ne peux pas, mon grand-père se marie.

— Il a quel âge, votre grand-père ?

— Il a 136 ans.

— Votre grand-père a 136 ans puis il veut se marier ?

— Non, il ne veut pas se marier, mais ses parents l'obligent !

Si Jésus était juif, pourquoi lui a-t-on donné un nom espagnol ?

Il a tellement de dents en or qu'il dort la tête dans le coffre-fort.

Il suffit que le corps soit plongé dans un liquide pour que le téléphone sonne.

Je ne pense pas que je vais me marier. Je vas juste trouver une femme que je n'aime pas et je vais lui donner une maison.

La meilleure méthode de contraception pour ma belle-mère, c'est de laisser les lumières allumées.

À l'âge que j'ai là, s'il n'y avait pas les pickpockets, je n'aurais pas de vie sexuelle !

Le médecin a commencé par me donner une bonne nouvelle :
— Dorénavant, il y a une maladie qui va porter votre
nom.

Un garagiste, à son client :
— J'ai pas réussi à réparer vos freins, alors j'ai mis
votre klaxon plus fort.

La seule fois où une femme réussit vraiment à changer
un homme, c'est quand il est bébé.

Pourquoi est-ce que le bon Dieu a inventé l'alcool ?
C'est pour permettre aux filles laides de se faire baiser.

En amour, la position de la corde à linge :
Tu l'étends et tu la laisses sécher !

Un homme trouve une bouteille, la frotte et un génie en
sort. Il a droit à un vœu; il dit au génie :
— Je voudrais que mon sexe touche à terre !
Le gars a eu les deux jambes coupées.

Conseil aux jeunes :
Il ne faut pas sortir sans préservatif, encore moins entrer...

Pourquoi est-ce que les femmes délaissent le bowling
pour l'amour ?
Parce que les boules sont plus légères et qu'elle n'ont pas
besoin de changer de chaussures.

Morpion :
Le seul animal pouvant changer plusieurs fois de sexe dans sa vie.

Chez les hommes, l'appendice est à droite et chez les femmes, c'est à gauche en entrant.

Un seigneur partant pour les croisades décide d'expérimenter sur sa femme un nouveau modèle de ceinture de chasteté : une ceinture de chasteté qui déclenche une guillotine en cas de viol. Après deux ans d'absence, le seigneur revient chez lui et examine tous les hommes du château. Il ordonne à tous de se déshabiller. Il constate que, du premier au dernier, tous les chevaliers ont été victimes de la guillotine. Il n'y a plus qu'un seul homme entier dans le château : un jeune page qui semble avoir tous ses morceaux. Le seigneur lui dit :

— Tu es le seul sur qui je peux compter. Est-ce que je peux faire quelque chose pour te récompenser ?
Le page ouvre la bouche pour répondre, mais aucun son ne sort de ses lèvres. Le petit maudit avait la langue coupée.

Qu'est-ce qui a 12 pouces et qui est blanc ?
Rien ! Tout le monde sait que si ça fait 12 pouces, c'est noir.

Un vieux bonhomme vient d'épouser une toute jeune fille. Le lendemain de la nuit de noces, le bonhomme dort profondément, mais sa femme est complètement épuisée. Elle a les yeux étirés, est presque incapable de marcher… Le téléphone sonne; elle se traîne pour répondre. Sa mère lui demande comment elle va. Elle répond :

— Parle-moi-z-en pas : il m'avait dit qu'il économisait depuis 35 ans. Moi je pensais qu'il parlait d'argent !

L'avantage des camps de nudistes c'est que, quand un gars arrive devant une fille pour lui dire « Je vous aime », elle peut répondre : « Oui, je vois ».

Le gars est vraiment un phénomène. Il est capable de satisfaire facilement une cinquantaine de femmes par jour. Un directeur de cirque qui avait entendu parler de lui et de ses prouesses lui propose un engagement :

— Je vous offre 500 $ par soir pour vous produire chez nous. Je vous donne une trentaine de partenaires par soir. Est-ce que ça vous va ?

Le gars accepte et on commence la publicité. « Le champion du monde de l'amour – 30 filles de suite ! » Le premier soir, la salle est remplie. Le champion commence son numéro mais, à la quatorzième fille, il s'arrête et tombe épuisé; on est obligé de rembourser les spectateurs. Le directeur du cirque est enragé. Il engueule le bonhomme et le traite d'escroc. L'autre répond :

— Je ne comprends pas ce qui se passe, Monsieur le directeur, ça a pourtant bien marché cet après-midi à la répétition !

Les hommes sont comme du ciment, une fois étendus ils peuvent prendre bien du temps à durcir.

L'homme est sorti un jour de la femme et, toute sa vie, il essaie d'y retourner.

La différence entre la séduction et le viol ?
La patience.

Le meilleur préservatif, Madame, c'est la laideur.

Un couple va consulter un sexologue :
Elle : - Mon mari souffre d'éjaculation précoce.
Lui : - Non, c'est elle qui en souffre, pas moi.

Les murs de mon appartement sont tellement minces que, chaque fois que mes voisins font l'amour, j'ai un orgasme !

Quelle est la différence entre une femme et une femme de ménage :
Avec la femme de ménage, quand c'est mouillé, ON N'ENTRE PAS !

L'homme envie souvent la femme de n'avoir qu'à écarter les jambes pour lui faire plaisir.

Dans un bar, un homme est assis sur son tabouret et dit à son voisin :

— Monsieur, je n'ai pas le plaisir de vous connaître, mais je tiens à vous dire que je vous trouve extrêmement beau.

L'autre lui répond :

— Moi aussi, je vous trouve très beau…

— Êtes-vous homosexuel ?

— Non, et vous ?

— Moi non plus !

Alors les deux s'écrient en chœur :

— Quel dommage !

J'aime pas les femmes qui couchent le premier soir...
J'haïs ça : il faut attendre tout l'après-midi !

Un matelot vient de signer pour travailler sur un bateau
et il demande au capitaine :

— Est-ce qu'il y a des femmes à bord ?

Le capitaine lui dit :

— Tu vas voir, il y a mieux que ça. Je vais t'expliquer quand on sera en mer.

Quelques jours plus tard, le matelot revient aux ren-
seignements. Le capitaine lui dit :

— Écoute, quand ça te tente, tu viens me trouver et
je te donne la clé de la cale. Dans la cale, il y a un baril
avec un gros bouchon de liège. Tu enlèves le bouchon
puis tu sais ce que tu as à faire...

Le matelot l'a essayé et il a tellement aimé ça que tous
les soirs, il demande au capitaine de lui donner la clé, il
descend dans la cale et en revient de bonne humeur. Au
bout de trois semaines, il demande la clé au capitaine,
mais il lui répond :

— Non, compte pas sur la clé parce que, aujourd'hui,
c'est toi qui es dans le baril !

Pourquoi les femmes simulent-elles la jouissance ?
Parce que les hommes simulent les préliminaires.

Deux filles se racontent leur fin de semaine. La première dit :

— Samedi soir, je suis allé dans un bar; je me suis fait cruiser par un gars superbe. Grand brun dans les 25 – 30 ans. Il m'a ramenée chez lui dans sa décapotable. Finalement, on s'est retrouvés dans sa chambre et, au moment où je me suis couchée à côté de lui, il m'a demandé mon âge. Quand je lui ai dit que j'avais 13 ans, il m'a sacré dehors.

L'autre répond :

— Pauvre toi, t'es encore tombée sur un superstitieux !

Que font trois homos les uns derrière les autres ?
Ils fêtent l'anniversaire de celui du milieu !

Dieu a donné à la femme deux seins parce qu'il a donné à l'homme deux mains.

Une femme va consulter un sexologue. Après un examen et un questionnaire, le sexologue lui dit :

— Si je comprends bien, votre équilibre sexuel dépend de certains facteurs…

La femme répond :

— Pas rien que des facteurs : des policiers, des électriciens, des plombiers…

Une femme demande à son voisin pourquoi est-ce que ses tomates grossissent beaucoup plus vite que les siennes et pourquoi est-ce qu'elles sont beaucoup plus rouges et juteuses.

— C'est simple, je leur donne de l'engrais, je les arrose et avant de quitter le potager, je baisse mon pantalon et je leur montre mes parties génitales. Ça a l'air de les faire rougir.

Pas convaincue, la bonne femme décide quand même d'essayer. Tard dans la soirée, elle se retrouve seule dans le jardin,

se déshabille toute nue devant ses légumes. La semaine suivante, son voisin la rencontre et lui demande :

— Alors, est-ce que les tomates, ça va mieux ?

— Les tomates sont toujours pareilles mais les con-
combres…

Un gars décide qu'il doit absolument prendre la réso-
lution, au jour de l'An, d'arrêter de prendre la vie trop
sérieusement. Il s'adresse au bon Dieu avec la prière suivante :

— Accordez-moi la sérénité d'accepter les choses que
je ne peux changer et la sagesse de pouvoir cacher les
corps de ceux que je vais tuer parce qu'ils m'écœurent;
aidez-moi à ne pas marcher aujourd'hui sur les pieds de
ceux à qui je pourrais être obligé de baiser le cul demain.
Aidez-moi aussi à toujours donner mon 100 % au travail : 12 % lundi, 23 % mardi, 20 % mercredi 40 % jeudi
et 5 % vendredi. Aidez-moi à me rappeler que, quand
j'ai vraiment une mauvaise journée et que tout le monde
veut abuser de moi, ça prend 42 muscles pour avoir l'air
bête et seulement 4 pour étirer mon majeur !

Il y a des choses plus importantes que l'argent, mais elle
ne sortiront pas avec toi si tu n'en as pas…

Tant qu'il y aura des examens, il y aura des prières dans les écoles...

Un homme entre chez le psychiatre et lui dit :
— J'ai toujours le goût de me suicider !
— Au moins, vous avez un but.

La chose la plus engraissante que vous pouvez mettre dans un sunday, c'est une cuillère.

Les Canadiens sont de plus en plus forts. Il y a 30 ans, ça prenait deux personnes pour transporter 20 $ d'épicerie. Aujourd'hui, un petit garçon de cinq ans peut le faire !

La plupart des gens engraissent parce qu'ils ont trop de dîners pour deux quand ils sont tout seuls.

Les femmes parlent toujours plus que les hommes. Quand vous voyez un vieux couple ensemble, c'est toujours l'homme qui porte l'appareil auditif.

Chez nous, les jours de paye, c'est comme la soirée des oscars. Ma femme dit toujours :
— Est-ce que je peux avoir l'enveloppe SVP !

J'ai appelé un exterminateur d'insectes bon marché. Il est venu avec un journal plié en deux.

L'autre jour, je faisais du pouce et un corbillard s'est arrêté. J'ai dit :

— Non merci, je ne vais pas aussi loin...

Dans un centre commercial, deux hommes tournent en rond. Le premier, dans la trentaine, demande au monsieur de 80 ans :

— Qu'est-ce que vous cherchez ?

— Je cherche ma femme !

— Moi aussi, je cherche la mienne.

Le vieux demande alors :

— De quoi elle a l'air votre femme ?

— Elle a 32 ans, elle mesure 5 pieds 6 et pèse 125 livres. Elle porte une minijupe puis un décolleté plongeant.

Puis, il demande au vieux :

— Et la vôtre, de quoi a-t-elle l'air ?

— Laisse faire la mienne, on va chercher la tienne !

Un voyageur de commerce s'arrête dans un bar et voit une affiche : « Antonio, l'extraordinaire Italien ! » Il entre dans le bar et voit sur une table trois noix de Grenoble. Debout près de la table, se tient un Italien d'un certain âge; c'est Antonio. Soudainement, le vieil homme baisse son pantalon et exhibe un énorme pénis avec lequel il casse les noix de Grenoble une après l'autre. Un tonnerre d'applaudissements surgit. Il remet son pantalon et tout le monde lui paye un verre.

Dix ans plus tard, le même voyageur de commerce retourne au même endroit et s'arrête au même bar pour prendre un verre. Aussitôt, il revoit la même affiche « Antonio, l'extraordinaire Italien !» Il ne peut pas croire que le vieux bonhomme est encore vivant et qu'il fait encore son numéro, 10 ans plus tard. Mais cette fois, au lieu de trois noix de Grenoble, ce sont trois noix de coco qui sont sur la table. L'homme baisse son pantalon et casse les trois noix de coco avec son pénis. Encore un tonnerre d'applaudissements. Le voyageur de commerce n'en revient pas. Il va le trouver et lui dit :

— Antonio, c'est extraordinaire. Mais il faut que je vous demande quelque chose : vous ne rajeunissez pas, pourquoi avoir changé les noix de Grenoble pour des noix de coco ?

Antonio lui répond :

— Vous savez, avec l'âge, ma vue a baissé pas mal…

Un habitant entre chez un vendeur d'automobiles. Il voit une voiture à son goût et demande le prix au vendeur. Le vendeur lui dit :

— C'est un très beau modèle. Cette voiture coûte 19 000 $

— C'est parfait, je vais vous faire un chèque.

Le vendeur lui dit :

— Un instant; ça, c'est le prix de base. Rajoutez :

Boîte automatique :   900 $

Toit ouvrant : 800 $

Antenne électrique : 250 $

Sièges chauffants : 600 $

Phares antibrouillard : 300 $

Jantes d'aluminium : 1 500 $

Plus 19 000 $ pour l'auto, ça fait 23 050 $ + TPS et TVQ, ce qui donne un grand total de 26 636,58 $!

L'habitant, pas très content, achète tout de même l'auto. Quelques jours plus tard, son vendeur d'autos s'amène à sa ferme. Il veut acheter une vache. Il en voit une à son goût et demande le prix à l'habitant. L'habitant lui dit :

— C'est un beau modèle, elle coûte 1 500 $

— C'est parfait, je vais vous faire un chèque.

L'habitant dit :

— Un instant, ça c'est le prix de base. Rajoutez :

Extérieur deux tons : 75 $

Estomac d'extra : 110 $
4 pieds de queue : 85 $
4 sabots en corne : 100 $
2 cornes de 12 pouces : 40 $
Klaxon vocal : 50 $
Revêtement en véritable
peau de vache : 140 $
Plus 1 500 $ pour la vache, ça fait 2 100 $ + TPS et TVQ,
ce qui donne un grand total de 2 426,76 $!

Un éléphant rose entre dans un bar. Le barman lui dit :
- T'es trop de bonne heure, le gars n'est pas arrivé encore !

Un gars entre dans les toilettes d'un bar et voit deux hommes penchés sur l'urinoir. Le premier a les pantalons baissés et deux doigts de l'autre dans le derrière. Le gars leur demande :

— Qu'est-ce que vous faites là vous deux ?
Le deuxième lui dit :

— Mon ami ici a trop bu et je l'aide à vomir.

— C'est pas en lui mettant deux doigt dans le derrière que tu vas le faire vomir !

— Non, mais attends que je lui mette dans la gorge !

Serge est assis dans un bar en train de prendre quelques bières. Soudain, une religieuse le rejoint à sa table et lui dit :

— Vous devriez avoir honte de vous jeune homme : boire est un péché. L'alcool est le sang du diable.

Ennuyé par ses propos et sur la défensive, Serge lui répond :

— Comment savez-vous ça ma sœur ?

— Ma mère supérieure me l'a dit.

— Mais avez-vous déjà pris un verre vous-même ? Comment pouvez-vous être certaine que ce que vous dites est vrai ?

— Ne soyez pas ridicule, je n'ai jamais pris un verre d'alcool, voyons.

— Alors, laissez-moi vous offrir un verre et, si après, vous êtes encore convaincue que c'est un péché, je vais arrêter de boire pour la vie.

La sœur lui répond :

— Je ne peux tout de même pas, moi, une religieuse, prendre un verre en public.

— Je vais demander au barman de le mettre dans une tasse pour vous. Vous pourrez vous asseoir à la banquette dans le coin et personne ne le saura jamais.

La religieuse accepte et Serge dit au barman :

— Une autre bière pour moi et une triple vodka.

Il baisse la voix et dit encore au barman :

— Voulez-vous mettre la vodka dans une tasse ?
Le barman lui crie :

— Ne me dites pas que la maudite sœur est encore ici !

Un gars paqueté sort d'un bar et au même moment, une religieuse passe par là. L'ivrogne lui donne un coup de poing. La religieuse tombe par terre et il lui dit :

— J'te pensais plus fort que ça, Batman !

Une femme est assise au bar à côté d'un gars paqueté. Le gars paqueté la regarde et lui dit :

— Vous devez être célibataire.
La femme, étonnée par la justesse de sa déduction, lui dit :

— Vous avez parfaitement raison : je suis célibataire. Comment ça se fait que vous savez ça ?

— Parce que vous êtes laide !

Quelle est la différence entre l'amnésie et la magnésie ?
Le gars qui a de l'amnésie ne sait pas où il va.

Deux gars, dans un bar. Le premier demande à l'autre :
— Pourquoi est-ce que tu bois autant ?
— À ma mort, j'ai donné mon corps à la science et en attendant, je le conserve dans l'alcool !

Un gars demeurait en face du cimetière. Il s'est fait frappé par une voiture; maintenant, il demeure en face de chez lui !

Il existe quatre types de femmes au lit :
— les positives
— les négatives
— les religieuses
— les simulatrices

Les positives, ça fait :
— Oh oui, oh oui !!!

Les négatives, ça fait :
— Oh non, oh non !!!

Les religieuses, ça fait :
— Oh mon Dieu, oh mon Dieu !!!

Les simulatrices, ça fait :
— Oh oui (nom de votre meilleur ami) ! Vas-y ! C'est boooon !!!

Avez-vous entendu parler du gars qui était en train d'embrasser sa blonde sur la galerie arrière de la maison. Le père de la fille est arrivé et a pilé dans le dos du jeune homme…

Une petite fille, chez le coiffeur, se fait couper les cheveux. Pendant ce temps, elle mange un suçon. Une fois la coupe de cheveux terminée, le coiffeur lui demande :
— As-tu du poil sur ton suçon ?
— Es-tu fou, j'ai rien que 10 ans !

La maîtresse d'école demande à l'étudiant :
— Tu ne m'apportes plus de raisins secs ?
— Non, mon lapin est mort !

Un briqueteur demande un congé de maladie à son patron. Son patron lui en demande la raison et il s'explique :

— Quand je suis arrivé au bâtiment, j'ai découvert que la tornade avait fait tomber quelques briques du toit. J'ai donc installé une poutre et une poulie et j'ai hissé deux caisses de briques sur le toit. La réparation terminée, il restait une quantité de briques. J'ai hissé la caisse et j'ai fixé la corde en bas. Je suis remonté et j'ai rempli la caisse avec les briques en trop, puis, je suis descendu et j'ai détaché la corde. Malheureusement, la caisse de briques était plus lourde que moi et avant que je comprenne ce qui m'arrivait, elle a commencé à descendre me soulevant en l'air d'un seul coup. J'ai décidé de m'agripper et, à moitié chemin, j'ai rencontré la caisse qui descendait et j'en ai reçu un bon coup sur l'épaule et j'ai continué jusqu'en haut, me cognant la tête contre la poutre et m'écrasant les doigts dans la poulie. Lorsque la caisse a cogné le sol, le fond a lâché et les briques se sont répandues par terre. À ce moment-là, j'étais plus lourd que la caisse et je suis reparti vers le bas à grande vitesse. À moitié chemin, j'ai rencontré la caisse qui remontait et j'ai reçu une sérieuse blessure à la jambe. Quand j'ai atteint le sol, je suis tombé sur les briques en pleine face. À ce moment-là, j'ai dû perdre ma présence d'esprit parce que j'ai lâché la corde, alors la caisse est redescendue et m'a frappé en plein sur la tête en m'envoyant à l'hôpital. C'est pour ça que je vous demande un congé de maladie.

La jeune fille avoue à sa mère :
— Maman, je suis enceinte.
— Comment ! qui est-ce qui est le père ?
— Comment veux-tu que je le sache, tu ne m'as jamais permis de sortir sérieusement.

Dans un party, une femme raconte :
— Vers 10 h, un de mes invités s'est mis à raconter des histoires osées, tellement que je me suis vue dans l'obligation de lui demander de s'en aller.
Une amie lui dit :
— Vous avez bien fait !
— Le problème, c'est que tous les autres invités sont partis en même temps pour entendre la fin des histoires…

Pessimiste : un optimiste qui revient du casino.

Une femme trompée va voir le mari de l'autre femme. Elle lui dit :

— Mon mari sort avec votre femme. On devrait se venger. On devrait faire comme eux !

Un peu plus tard, il dit à la femme :

— C'est effrayant, mais je n'arrive pas à pardonner à ma femme… qu'est-ce que vous diriez si on se vengeait une deuxième fois !

Et pour une deuxième fois, ils se vengent tant qu'ils peuvent. Au bout de deux heures, elle se frôle contre lui et elle lui murmure à l'oreille :

— Encore une petite vengeance ?

— Que le diable les emporte, moi je n'ai plus de rancune !

Les chutes du Niagara, la deuxième déception de la nouvelle mariée.

Après l'autopsie, le vétérinaire explique à la femme que son minet a succombé d'une boule de poils dans l'estomac et que ça se forme peu à peu quand l'animal ingère du poil en se léchant. La femme soupire et dit :

— Maintenant, je sais de quoi mon mari est mort !

Une femme achète un lapin chez le boucher. En marchant sur le trottoir, elle glisse sur un morceau de glace et tombe assise. Sur le coup, le lapin est sorti du sac et est tombé entre ses deux jambes. Au même moment, un ivrogne passe par là et vient aider la dame à se relever. Elle est tellement sous le choc qu'elle est prête à pleurer. L'ivrogne lui dit :

— Ne pleurez pas Madame, de toute façon, il n'aurait pas été normal… regardez-lui les oreilles.

Le mari rentre chez lui à l'improviste et voit sa femme en jaquette au lit et un monsieur en pyjama dans la salle de bain en train de se brosser les dents. Le mari dit à sa femme :

— C'est ça qui se passe dans mon dos ! je me demande s'il aimerait ça lui que j'aille chez lui et que je me serve de sa brosse à dents.

Un homme marche dans la rue et il entend une voix :

— Arrêtez, vous allez avoir un accident.

Le gars s'arrête; au même moment, une brique tombe d'un immeuble juste devant lui. Le gars regarde autour… personne. Un peu plus tard, il va pour traverser la rue et il entend :

— Arrêtez, vous allez avoir un accident.

Le gars s'arrête. Au même moment, une voiture passe à 100 km/h juste en face de lui. Il regarde autour de lui et ne voit personne, mais il demande tout de même :

— Qui est-ce qui me regarde comme ça ?

- Je suis votre ange gardien. J'empêche qu'il vous arrive des malheurs.

— Ah oui ! où est-ce que tu étais toi quand je me suis marié ?

Comment reconnaître une vache d'un taureau ?

Tu les trais tous les deux et celui qui sourit, c'est le mâle…

Quelle est la différence entre une culotte de femme et une culotte d'homme ?
La culotte de femme, c'est un centre d'accueil et la culotte d'homme, c'est un centre de redressement.

Un passager dans un taxi veut parler au chauffeur. Il se penche pour attirer son attention et lui tape sur l'épaule. Le chauffeur lâche un cri de mort, donne un coup de roue et se retrouve dans le fossé. Le client, embarrassé, s'excuse auprès du chauffeur :

— Excusez-moi, je ne voulais pas vous faire peur. Qu'est-ce qui est arrivé ?
Le chauffeur répond :

— Ce n'est pas votre faute : c'est ma première journée comme chauffeur de taxi. Ça faisait 25 ans que je conduisais des corbillards.

Les gens sont drôles. Ils veulent être en avant dans l'autobus, en arrière au cinéma et au milieu de la route.

Lettre à un soldat en Afghanistan pour lui remonter le moral :

Mon cher Robert,

Ici tout est tranquille, il ne se passe rien. Je t'envie d'être en Afghanistan, au cœur de l'action. Je suis certain que tu n'as pas le temps de t'ennuyer. Je suis allé chez vous hier soir, j'ai lu quelques-unes de tes lettres. Je comprends que tu t'ennuies de ta femme : Louise a tellement une belle personnalité. Elle est tellement jolie et bien faite et s'habille de façon tellement sexy. Je comprends que les gars sifflent après quand elle se promène sur la rue. Ton ami Jean-Paul était chez vous aussi. Il portait l'habit bleu que tu as acheté juste avant de partir. Ta femme Louise lui a donné en disant que, quand tu reviendrais, l'habit ne serait plus à la mode. Plusieurs autres couples sont venus aussi. On a bu quelques caisses de bière. On a voulu fournir pour payer la bière, mais ta femme n'a pas voulu. Elle a dit que tu lui envoyais toujours une centaine de piastres qu'elle pouvait dépenser à son goût. Elle m'a aussi donné quelques-unes de tes nouvelle cravates. Elle a du goût : elle a choisi les plus belles. Un des gars va lui acheter tes nouveaux bâtons de golf. Il lui a offert 50 $ et il va passer les prendre demain. Ta femme Louise était en forme et faisait rire tout le monde. On était tous surpris, surtout après l'accident d'auto qu'elle a eu la semaine passée avec ta Camaro. Après tout, c'était une perte totale : c'est normal, un face à face. L'autre conducteur est encore à l'hôpital et il menace de poursuivre. C'est malheureux que ta femme ait oublié de payer ses assurances, mais ça semble pas la tracasser plus que ça. J'admire son courage pour sa décision d'hypothéquer ta maison pour payer les factures. Une chance que tu lui as donné une procuration avant de partir. Pour en revenir au party, t'aurais dû voir ta femme dans son imitation d'une strip-teaseuse. J'te dis qu'elle l'a. Elle avait encore du pep quand on leur a dit bonsoir à elle et à Jean-Claude. Tu dois savoir que Jean-Claude reste maintenant chez vous. C'est plus près de son travail et il sauve beaucoup en essence et en repas. Ils ont dû oublier de payer les factures d'électricité parce que, le soir quand ils sont ensemble, on ne voit jamais de lumière. L'autre soir, je les ai surpris en entrant dans la cuisine et j'ai entendu ta femme dire qu'elle retardait d'un mois. J'imagine qu'elle parlait du compte d'électricité. De chez nous, je peux voir Louise et Jean-Claude en train de prendre un verre sur le balcon. Il porte un de tes pyjamas. Elle a dû insister pour qu'il le porte, certainement parce qu'elle s'ennuie de toi.

Dépêche-toi de revenir.

Ton ami François.

Un jour, le professeur s'approche du tableau et voit que quelqu'un a écrit le mot « pénis » en tout petit. Il regarde dans la classe et cherche à savoir qui a fait ça. Mais il ne trouve pas de coupable. Il efface le tableau. Le jour suivant, il entre en classe et remarque le mot « pénis » en lettres un peu plus grosses que la veille. Encore une fois, il regarde partout. Il essaie de trouver le coupable. Impossible. Chaque matin pendant une semaine, il entre dans la classe et voit le mot « pénis » écrit à chaque fois un peu plus gros. Un jour, il entre dans la classe et s'attend à voir le même mot encore sur le tableau, mais à la place, il trouve la phrase suivante :
« Plus vous frottez, plus il devient gros. »

L'employé, au patron :

— Ma femme m'a demandé de vous demander une augmentation.

Le patron répond :

— Je vais demander à ma femme si je peux t'en donner une !

Pourquoi est-ce que les filles n'ont pas de pomme d'Adam ?
Parce qu'une pomme et une cerise, ça ne pousse pas dans le même arbre.

Deux gars parlent à la taverne. Un demande à l'autre :
— À côté de quel personnage célèbre aimerais-tu reposer ? René Lévesque, Pierre Elliot Trudeau, Jean Drapeau ?
L'autre répond :
— Jennifer Lopez !
— Elle n'est pas morte !
— Moi non plus !

À la fin d'une lettre :
[…] Recevez, Monsieur le directeur, les salutations d'un pauvre diable qui n'en peut plus de se tirer par la queue.

Deux gars paquetés en auto :
— Fais attention Louis, il y a un poteau en avant !
— Comment un poteau, c'est pas toi qui conduis ?

Annonce à la porte d'un salon de beauté :
Ne sifflez pas après les femmes qui sortent d'ici, c'est peut-être votre grand-mère !

Comment faire changer de religion à un catholique ?
Tu lui donnes un coup de pied dans le derrière et il se retourne en protestant.

La consolation quand on est vieux, c'est qu'au moins, on peut siffler en se brossant les dents.

Trois gars sont naufragés sur une île. Ils s'ennuient. L'un dit aux autres :

— On devrait jouer au golf. Tout ce que ça prend, c'est un bâton, une balle puis un trou.

Le premier dit :

— Moi, je fournis le bâton.

Le deuxième dit :

— Moi, je fournis les balles.

Le troisième dit :

— Moi, je ne joue pas…

Une homme, très inquiet, et sa femme vont chez le docteur. L'homme dit au docteur :

— Docteur, quelque chose de terrible est en train de m'arriver. Mon pénis rallonge de jour en jour. Qu'est-ce que je devrais faire ?

Le docteur l'examine et il était effectivement plus long, tellement qu'il touchait presque par terre. Le docteur dit :

— Je pense qu'il va falloir opérer et en couper une partie.

La femme dit :

— Docteur, ne pourriez-vous pas seulement lui rallonger les jambes ?

Le grand patron réunit ses adjoints au bureau et leur présente la nouvelle employée :

— Je vous présente madame… c'est quoi votre nom déjà, Madame ?

— Madame Trudel.

Le grand patron dit :

— Madame Trudel a fait application pour le poste vacant et elle va devenir ma secrétaire privée. Elle a passé tous les tests d'aptitude et j'ai été impressionné. Elle est excellente au traitement de texte. Sa sténo est excellente et ses références sont impressionnantes. Je suis particulièrement impressionné par son éducation, son bagage culturel, son raffinement et son intelligence. À compter d'aujourd'hui, elle est des nôtres. Vous verrez à l'informer du salaire, des heures du bureau et autres détails. Avez-vous des questions à poser, Madame Trudel ?

Oui, dit-elle, hésitante :

— Est-ce que je peux ravoir ma brassière ?

Lettre d'une cliente satisfaite :

J'ai acheté une de vos brassières et je suis tellement satisfaite que, depuis ce temps-là, je ne porte rien d'autre.

Signé : Populaire

La femme :

— Mon mari va revenir dans 45 minutes.

L'homme :

— Oui, mais je fais rien.

— Justement, si t'es pour faire quelque chose, dépêche-toi !

Définition d'une femme :
Seul animal, à part le chien, qui démontre son affection à l'homme en branlant sa queue.

Deux gars qui ont les yeux croches se frappent en auto.

Le premier :

— Pourquoi tu ne regardes pas où tu vas ?

— Toi, pourquoi tu ne vas pas où tu regardes !

Quand une fille tourne mal, c'est généralement parce qu'elle est bien tournée.

Après 40 ans de mariage, le mari et la femme font une deuxième lune de miel. Même ville, même hôtel, même chambre, même routine. Après, la femme dit à son mari :

— Tout m'a semblé exactement pareil, excepté une chose… cette fois-là, elle m'a paru plus grosse.
Le mari répond :

— Je ne suis pas surpris qu'elle t'ait paru plus grosse : elle était pliée en deux !

Une femme réussit à faire trois choses avec rien :
un chapeau, une salade, une querelle.

Un gars se promène à la campagne par une journée très chaude. Il voit un lac et décide de se baigner pour se rafraîchir. Il laisse ses vêtements sur la rive et saute dans le lac. En sortant de l'eau, il voit des enfants qui s'enfuient en emportant ses vêtements, tous ses vêtements, sauf son chapeau. Au même moment, il voit une femme s'approcher. Il ramasse son chapeau, le place à l'endroit stratégique et dit à la femme :

— Si vous étiez une femme galante, vous ne resteriez pas là devant moi à rire comme une folle !
Elle dit :

— Et vous, si vous étiez un vrai gentleman, vous lèveriez votre chapeau devant une dame !

À la plage, un petit gars demande à sa mère :

— Est-ce que je peux aller me baigner ?
La mère répond :

— Non, c'est beaucoup trop creux.

— Oui, mais papa se baigne, lui.

— Lui, ce n'est pas pareil : il est assuré, lui...

Un policier arrive chez lui très tard. Il se déshabille dans le noir et se glisse dans le lit en essayant de ne pas réveiller sa femme. Mais, elle se réveille et elle lui dit :

— Voudrais-tu aller à la pharmacie m'acheter de l'aspirine, j'ai tellement mal à la tête.
Le policier se rhabille dans le noir et se rend à la pharmacie. Pendant que le pharmacien lui donne des aspirines, il lui dit :

— Vous n'êtes pas le constable Thibaudeau, vous ?
Le policier dit « oui ». Le pharmacien lui dit :

— Qu'est-ce que vous faites en habit de pompier ?

Le gars est très nerveux et très tendu et il va voir le médecin. C'est une jolie garde-malade rousse qui le reçoit. Il lui explique son problème. La garde-malade lui dit :

— Ce que vous avez, c'est facile à guérir. J'ai un traitement formidable pour ça, moi.

Elle l'emmène dans une petite chambre à côté et le détend d'une façon très intime… ensuite elle dit :

— Ça va être 50 $!

Quelques semaines plus tard, le gars est encore très nerveux et tendu. Il retourne chez le médecin. Cette fois-là, le médecin est là; il l'examine et lui donne une prescription pour des tranquillisants en lui disant :

— Ça coûte environ 20 $.

Le gars répond :

— Si ça ne vous fait rien, Doc, j'aimerais autant avoir le traitement à 50 $!

Le gars veut acheter un parfum pour une fille qu'il vient de rencontrer. Il va dans un grand magasin, au comptoir des parfums. La vendeuse lui montre une bouteille de parfum à 150 $ qui s'appelle : Peut-être. Le gars réplique :

— Pour 150 $, je ne veux pas de peut-être, je veux être ben sûr !

La femme consulte le médecin. Elle lui dit :

— Mon mari ronfle tellement que je ne suis pas capable de dormir.

Le médecin lui dit :

— C'est pas compliqué, Madame, dès que votre mari ronfle, écartez-lui les jambes; ça va passer immédiatement.

La nuit venue, la femme fait exactement ce que le docteur lui a conseillé et c'est merveilleux. Mais une nuit, elle se réveille et son mari n'est pas près d'elle. Elle entend du bruit dans la chambre de la bonne. La femme se lève et trouve son mari dans une situation plutôt précaire… la femme lui demande :

— Qu'est-ce que tu fais là ?

Lui, en montrant la bonne :

— Elle ronflait…

Avez-vous entendu parler du barman séraphin ?

Il engage des serveurs nains pour faire paraître les verres plus gros.

— Je me demande pourquoi ma blonde ferme les yeux quand je lui fais l'amour ?

— T'es-tu regardé dans le miroir ?

La fille ne savait pas qu'elle avait été violée jusqu'à ce que le chèque rebondisse…

Dans une bijouterie à Hollywood, on annonce : « Bague de mariage à louer ».

Depuis que je sors avec ma nouvelle blonde, je ne bois plus, je ne fume plus, je ne sors plus : je suis cassé.

— Je connaissais une fille; chaque fois qu'elle avait le goût de se faire embrasser, elle devenait sourde.
La fille :
— Quoi ?

La jeune mariée dit à une amie :
— J'ai bien aimé mon voyage de noces, il n'y a qu'une chose qui m'a déçue : ce n'était pas assez long !

Le gars va consulter le psychiatre, c'est le même qui soigne de temps en temps sa femme. Le docteur lui demande la raison de sa visite. Le gars lui dit :
— C'est pas pour moi que je viens vous voir, c'est pour ma femme. Je suis sûr qu'elle a une sorte de complexe.
Le psy lui demande :
— Quelle sorte de complexe ?
— Figurez-vous que, chaque fois qu'on fait l'amour, elle me demande 100 $… à moi, son mari. Vous ne trouvez pas ça plutôt bizarre ?

— Oui, c'est sûr que c'est pas normal. Puis je me demande pour qu'elle raison, elle vous demande le double de ce qu'elle demande aux autres !

Dépenses du mois de juillet :

1er juillet :	Annonce pour une secrétaire	20,00 $
2 juillet :	Fleurs pour la nouvelle secrétaire	30,00 $
8 juillet :	Salaire pour la nouvelle secrétaire	450,00 $
9 juillet :	Fleurs pour la nouvelle secrétaire	50,00 $
11 juillet :	Bonbon pour ma femme	5,50 $
13 juillet :	Dîner avec la nouvelle secrétaire	125,00 $
16 juillet :	Cinéma avec ma femme	15,00 $
18 juillet :	Billet d'opéra avec la secrétaire	160,00 $
19 juillet :	Dairy Queen pour ma femme	4,50 $
22 juillet :	Salaire pour Suzanne	800,00 $
23 juillet :	Champagne et dîner pour Suzanne	300,00 $
25 juillet :	Clinique médicale pour MTS	200,00 $
26 juillet :	Manteau de vison pour ma femme	6 000,00 $
27 juillet :	annonce pour UN secrétaire	20,00 $
	Total :	8 180,00 $

Deux catégories de personnes qui ne peuvent faire qu'une fois la même erreur :
Les parachutistes et les vierges.

Le gars dit à sa femme :
— Notre voisin, c'est un grand malade. Je lui ai dit que tu venais d'avoir un bébé, puis il m'a donné un cigare !

Après une aventure :
l'Italienne dit :« Maintenant, tu vas me détester... »
l'Espagnole dit : « Maintenant je vais t'aimer jusqu'à ma mort... »
la Russe dit : « Mon corps t'appartient, mais mon cœur est au parti ! »
l'Allemande : « Ça mérite une bonne bière ! »
la Suédoise : « Je pense que je vais retourner chez moi maintenant... »
la Française : « Ça mérite une nouvelle robe, non ? »
l'Américaine : « Je devais être paquetée, c'est quoi ton nom déjà ? »

Je connais une femme. Elle est tellement petite : il faut qu'elle monte sur une chaise pour laver son plancher !

Deux jeunes filles dans leur chambre d'hôtel se déshabillèrent par distraction vis-à-vis la fenêtre ouverte. Une a pogné un rhume, l'autre a pogné un millionnaire !

À la plage, la fille s'amène en bombant la poitrine et en battant des yeux et demande au maître-nageur :

— Est-ce que les monokinis sont permis sur la plage ? Le maître-nageur lui répond :

— Non, Madame, il faut que vous gardiez vos faux seins couverts !

— Comment pouvez-vous dire que j'ai des faux seins ?

— C'est facile : vos seins sont trop gros pour être vrais, ils sont trop fermes pour être vrais, trop ronds pour être vrais et une de vos bourrures est tombée dans le sable derrière vous !

Un martini, c'est comme les seins d'une femme : un, ce n'est pas assez, trois, c'est trop !

— Ma femme vient d'avoir un bébé !
— Ah oui, qui suspectes-tu ?

J'comprends pas ça : ma femme est toujours en maudit quand on fait l'amour. Pourtant, je suis comme tous les autres gars : deux bras, deux jambes, deux pouces...

Un petit gars, à un autre petit gars à l'école, en voyant sa maîtresse qui pèse à peu près 200 livres :
— Je me demande pourquoi mon frère se vante d'avoir une maîtresse ?

La bonne femme est sur son lit de mort. Elle est très avaricieuse. Elle a enterré son mari il y a quelques mois et s'apprête à aller le rejoindre. Elle dit à sa petite-fille :

— Enterre-moi avec ma robe noire. Elle est très grande, alors coupe le matériel dans le dos; tu vas en avoir assez pour te faire une robe. C'est un bon tissu, ça serait dommage de le gaspiller.

La petite-fille répond :

- Quand toi et ton mari allez monter au ciel, qu'est-ce que les anges vont dire s'ils voient que ta robe n'a pas de dos ?

— Inquiète-toi pas, ils ne me regarderont même pas; j'ai enterré mon mari pas de culottes !

Chez le boucher, la femme veut s'acheter un poulet. Le boucher n'en a qu'un en magasin. Il le pèse et dit à la femme :

— C'est 5,75 $.

La femme dit :

— C'est pas assez, j'en voudrais un plus gros.

Le boucher rapporte le poulet dans le réfrigérateur, fait semblant d'en prendre un autre, le met sur la balance devant la dame et, avec son pouce appuie sur le plateau.

Il dit à la dame :

— Celui-là, c'est 7,50 $. Est-ce que c'est assez gros pour vous ?

La femme répond :

— Non, mais ce n'est pas grave : je vais prendre les deux !

La grand-mère est souffrante. Ses petits-enfants sont aux petits soins pour elle. À tour de rôle, ils lui apportent ses repas dans sa chambre. Elle a remarqué que le petit Olivier s'acquitte mieux de sa tâche que sa petite sœur. La grand-mère lui demande :

— Comment ça se fait que tu ne renverses jamais de liquide dans le plateau ?

— C'est bien simple : avant de monter l'escalier, je bois une grande gorgée puis, quand j'arrive en haut, je la remets dedans !

Herboriste :
Pharmacien en herbe.

Une femme est mariée à un avare : il ne l'emmène jamais nulle part et ne lui achète jamais rien. Un jour qu'il est à l'extérieur de la ville, il se souvient que c'est la fête de sa femme. Il lui envoie une lettre. À l'intérieur, il y a un chèque pour un million de baisers. La femme, furieuse, lui retourne un mot disant : « Merci pour ton chèque pour un million de baisers. Le laitier me l'a changé ce matin...

Après vingt ans de mariage, qu'est-ce qu'un gars fait après avoir fait l'amour ?
Il retourne chez lui !

Le jeune homme vient de s'engager dans l'armée. La mère dit au père :
— Écoute, demain, notre fils part pour le régiment. Il faut que tu lui parles. Il ne faut pas que ses camarades se moquent de lui quand ils vont discuter de ça...
— Tu as raison, je n'ai jamais eu le courage, mais là, je vais essayer.
Le lendemain, avant le départ de son fils, il l'emmène

dans sa chambre et lui dit :

— Ça fait longtemps que je voulais t'en parler. Il faut que tu saches : le père Noël, c'est pas vrai !

Pourquoi est-ce que les Newfies ne font jamais l'amour deux fois de suite ?
Ils ont peur d'avoir des jumeaux.

Le sage ne dit pas ce qu'il sait et le sot ne sait pas ce qu'il dit.

Qu'est-ce que Madonna met derrière ses oreilles pour attirer les hommes ?
Ses jambes.

Connaissez-vous la maladie du boulanger ? Elle atteint les hommes de 40 ans et plus. Les symptômes sont les suivants : la brioche augmente et la baguette diminue.

Un moine marche sur une route glacée en montagne. Il entend un faible pépiement. Il regarde autour de lui et voit un tout petit moineau à moitié mort de froid. Il le prend dans ses mains et le réchauffe. Il se demande quoi faire, car il se dit : « Si je le ramène chez moi, le chat va le manger et si je le laisse ici, il va mourir de froid. » Alors, il a une idée : pour le protéger du froid, il place le petit oiseau dans une bouse de vache fumante et il s'en retourne chez lui. Le petit oiseau se réchauffe et une fois réchauffé, il commence à chanter à tue-tête, heureux d'être encore vivant. Un renard qui passait par là entend la bouse de vache chanter. Curieux, il s'approche, découvre le petit moineau et le mange.

Trois moralités à cette histoire :

1) Celui qui te met dans la merde ne te veut pas forcément du mal.

2) Celui qui t'en sort ne te veut pas forcément du bien.

3) Quand tu es dans la merde, ferme ta gueule !

La mère demande à son petit garçon :

— Il y avait deux gâteaux dans le réfrigérateur. Peux-tu m'expliquer pourquoi est-ce qu'il n'en reste qu'un ?

— Parce que je n'avais pas vu qu'il y en avait un autre !

On se demande souvent pourquoi, en écrivant le chiffre « 7 », on met une barre horizontale supplémentaire au milieu du chiffre. L'explication remonte au temps de la bible. Quand Moïse eut gravi le mont Sinaï et que les dix commandements lui furent donnés, il descendit vers son peuple et leur fit la lecture à haute voix de chaque commandement. Arrivé au septième, il lut :

— Tu ne désireras pas la femme de ton prochain.

Et là, de nombreuses voix d'hommes lui crièrent :

— Barre le sept, barre le sept !

Pourquoi « séparé » s'écrit-il tout ensemble alors que « tout ensemble » s'écrit en deux mots ?

Pourquoi les kamikazes portent-ils des casques protecteurs ?

Quel est le synonyme de synonyme ?

Pourquoi n'y a-t-il pas de nourriture pour chats qui goûte la souris ?

Si rien ne colle au téflon, comment l'a-t-on collé à la poêle ?

Une mère sort avec son petit garçon. Elle rencontre une voisine et lui dit :

— Jacques, donne un bec à la madame.

— Non maman !

— Jacques, donne un bec à la madame.

— Non !

— Pourquoi est-ce que tu ne veux pas embraser la madame ?

— Parce que papa a essayé hier et qu'il a reçu une claque sur la gueule !

Le pharmacien, en rentrant dans sa pharmacie, voit un gars plié en deux. Il demande à son jeune commis :

— Qu'est-ce qui se passe avec le gars dehors ?

— Il est venu tout à l'heure pour acheter du sirop pour la toux. On n'en avait plus, alors je lui ai donné une bouteille de laxatif et il l'a bue rien que d'un coup.

— Voyons, tu ne peux pas soigner une toux avec du laxatif !

— Bien oui on peut, regardez-le, il n'ose pas tousser !

Après avoir fini son droit, un jeune avocat ouvre son bureau. Le premier jour, on frappe à sa porte. Pour impressionner la personne qui frappe. Il prend le téléphone et fait semblant de commencer une conversation. Il crie à la personne d'entrer et lui dit de s'asseoir et de patienter. Il continue sa fausse conversation en disant :

— Je m occupe de votre cas, je vais en parler au juge. Laissez-moi ça entre les mains.

Il raccroche et demande au visiteur qui attend :

— Qu'est-ce que je peux faire pour vous ?

— Je travaille pour Bell Canada, je viens installer votre téléphone !

L'homme s'approche de son hôte :

— Ton party est formidable. Je n'ai jamais vu autant de belles filles. Si j'en trouve une à mon goût, est-ce que je peux t'emprunter ta chambre d'invités ?

— Certainement, mais ta femme...

— Ma femme ne s'apercevra de rien.

— Tu penses ? la chambre d'invités, je l'ai passée à ta femme, il y a un quart d'heure !

Une riche belle-mère décide de mettre ses trois gendres à l'épreuve. Elle veut savoir s'ils l'aiment vraiment. En se promenant au bord de l'eau avec le premier de ses gendres, elle tombe à l'eau et crie au secours. Son gendre n'hésite pas : il plonge et la sauve. Le lendemain, dans son entrée de garage, il trouve une petite voiture neuve avec un petit mot : « Merci, de la part de ta belle-mère qui t'aime ». Le lendemain, elle essaie le même scénario avec le deuxième gendre. Encore une fois, elle tombe à l'eau, crie au secours; le gendre se précipite et la sauve. Même chose : lui aussi, le lendemain, trouve une petite voiture neuve dans son entrée de garage, avec un petit mot : « Merci, de ta belle-mère qui t'aime ». Le lendemain, elle essaie le même stratagème avec son troisième gendre. Elle tombe à l'eau, appelle au secours. Lui ne s'en occupe pas, tourne les talons et disparaît en se disant : « Enfin, je suis débarrassé ! » Finalement, la belle-mère se noie. Le lendemain, dans son entrée de garage, il aperçoit une grosse voiture de luxe toute neuve avec un petit mot : « Merci, de la part de ton beau-père qui t'aime ».

Ma nouvelle voiture a le moteur en arrière. Avant que ma femme la conduise, le moteur était en avant.

L'avocat de la couronne :

— On a trouvé en votre possession tous les outils nécessaires pour faire un cambriolage. Vous ne traîniez certainement pas ça avec vous pour rien. Vous avez été surpris avec tout l'équipement, c'est clair !

L'accusé répond :

— Parce que j'avais l'équipement, vous voulez m'accuser de vol ? À ce moment-là, vous devriez aussi m'accuser de viol, parce que pour ça aussi, j'ai tout l'équipement qu'il faut !

Beaucoup d'hommes ont perdu de l'intérêt pour le vieux sport qui consiste à courir après une femme. De nos jours, il est bien difficile de trouver des femmes qui courent.

— À l'hôpital, j'avais une garde la nuit et une garde le matin.

— Et une dans l'après-midi ?

— Non, l'après-midi, je me reposais !

La nouvelle mariée d'un certain âge est dans un magasin :

— Je voudrais avoir 50 verges de satin pour me faire une jaquette de noces.

La vendeuse répond :

— 50 verges, vous ne pensez pas que c'est trop ?

— Non, à mon âge, il va avoir plus de fun à chercher qu'à trouver…

Le gars dit à la femme :

— Vous avez des grands pieds.

— Oui, c'est parce que je danse beaucoup.

— Vous avez les épaules larges.

— Oui, je fais beaucoup de natation.

— Je vous regarde comme il faut… vous devez faire pas mal d'équitation…

La vieille fille au téléphone :

— Il y a un homme qui essaie d'entrer dans ma chambre par la fenêtre du deuxième étage.

— Vous devez vous tromper de numéro : ici c'est pas la police, c'est les pompiers.

— Justement, il essaie de monter et son échelle est trop courte !

Un soldat canadien en service en Angleterre a reçu une invitation pour un week-end au château d'une duchesse très dévouée pour les militaires. Quand il revient de sa soirée, ses compagnons d'armes sont anxieux de connaître les détails de son séjour. Le soldat dit :

— Si l'eau avait été aussi froide que la soupe; si la soupe avait été aussi chaude que le vin; si le vin avait été aussi vieux que le poulet;si le poulet avait été aussi jeune que la bonne et si la bonne avait été aussi consentante que la duchesse, j'aurais passé une maudite belle soirée !

Qu'est-ce qui travaille le plus dans un bureau de fonctionnaires ?
La machine à café.

Un homme a invité son collègue de bureau à venir dîner chez lui. Il lui dit :

— Ne dis pas à ma femme que je suis fonctionnaire, elle pense que je travaille.

Si tu donnes un poisson à un homme, tu le nourris pour la journée. Si tu lui apprends à pêcher, il va passer ses fins de semaines dans la chaloupe à prendre de la bière.

Le point commun entre un homme et une crevette :
La tête est vide et il n'y a que la queue de bonne.

Pourquoi est-ce que les blondes n'arrivent jamais à faire du ski nautique ?
Parce que, dès qu'elles sont mouillées, elle se couchent sur le dos.

Le rêve pour une abeille, c'est d'avoir une taille de guêpe.

Qu'est-ce qui est jaune et qui pique ?
Un chinois acupuncteur.

Pourquoi est-ce que les blondes ont toujours un sac de couchage dans leur voiture ?
Au cas où elle s'enfermeraient à l'intérieur.

En camping, deux gars sont couchés dans la même tente.
Avant de s'endormir, l'un demande à l'autre :
— Es-tu en train de te passer un poignet ?
— Oui, pourquoi ?
— Ça ne te dérangerait pas de prendre la tienne ?

Dans un bar, un gars boit par accident dans le verre de son voisin. Ce dernier se met à pleurer. L'autre gars dit :

— Prenez pas ça comme ça, j'ai pas fait exprès. Je vais vous offrir un autre verre.

— C'est pas pour ça que je pleure.

— Pourquoi ?

— D'abord, j'ai perdu ma job. Je l'ai dit à ma femme : elle m'a sacré là et elle est partie avec un autre gars. Elle a emmené mes enfants, mon auto, mes cartes de crédit. Je n'ai plus une maudite cenne. Puis vous, vous arrivez et vous videz mon verre. Puis j'ai même pas de quoi m'acheter d'autre poison !

Un couple fête sont 25e anniversaire de mariage. Les mariés se retrouvent à Miami comme à leur voyage de noces. La femme dit :

— Te souviens-tu, il y a 25 ans. On s'est déshabillés dans chacun une chambre, on a donné un signal et on s'est élancés dans les bras l'un de l'autre. On devrait refaire ça !

Le mari accepte. La femme passe dans la deuxième chambre, le mari se déshabille et demande :

— Prête ?

— Oui ! allons-y…

Les deux se précipitent à toute vitesse, mais ils se manquent. Emporté par l'élan, le mari passe par la fenêtre entrouverte et se retrouve sur la pelouse deux étages plus bas. Il n'est pas blessé mais complètement nu. Il regarde autour de lui et entre dans le hall de l'hôtel. Le commis lui demande :

— Qu'est-ce que vous faites dans cette tenue ?

— Je me suis penché à ma fenêtre et je suis tombé. Avez-vous une serviette pour que je puisse monter à ma chambre ?

— Montez tout de suite, vous n'aurez pas besoin de serviette.

— Mais les autres clients ?

— Ils sont tous occupés à regarder une vieille folle qui tente de se sortir d'une pognée de porte.

— J'ai un problème avec ma femme. Elle n'aime pas faire l'amour. Alors, je vais voir ma maîtresse dans la soirée. Quand je reviens tard, je stationne mon auto loin de la maison, j'ouvre la porte doucement, je monte dans ma chambre sur le bout des pieds et je me glisse le plus discrètement possible dans le lit, mais ma femme se réveille à chaque fois.

Son ami lui dit :

— Fais comme moi, ma femme non plus n'aime pas faire l'amour. Quand j'arrive, je stationne directement à la porte. J'entre dans la maison en chantant, j'allume les lumières, je monte dans la chambre en courant, je saute dans le lit puis je commence à vouloir la tâter. Chaque fois, elle fait semblant de dormir…

Deux petites vieilles dans une maison de retraite discutent des fantasmes qu'elles n'ont jamais réalisés. L'une dit :

— J'ai toujours voulu me promener toute nue dans la rue et exciter les hommes.

La deuxième dit :

— Moi aussi, j'ai toujours rêvé de ça. Pourquoi est-ce qu'on ne le fait pas tout de suite ?

Elles se déshabillent et sortent. Deux vieux sont assis sur un banc près de l'entrée de la maison de retraite. Après les avoir vu passer, un des vieux dit à l'autre :

— Qui sont-elles ? j'ai même pas pu voir la couleur de leur robe !

— Moi non plus j'ai pas vu la couleur, mais je peux te dire une chose : elles avaient besoin d'être repassées…

Quelles sont les journées où les fonctionnaires sont le plus actifs ?

Les journées de grève.

Roger a été impliqué dans un accident d'auto terrible. Résultat : il a eu le pénis complètement arraché. Le médecin le rassure :

— Avec les progrès de la médecine d'aujourd'hui, on va pouvoir vous redonner votre masculinité. Mais il va falloir payer ça vous-même parce que ce n'est pas couvert par l'assurance maladie.

Roger dit au médecin que ça ne sera pas un problème et qu'il va payer ça avec ses économies. Il demande au médecin combien ça va lui coûter. Le médecin lui répond :

— 10 000 $ pour un petit, 15 000 $ pour un moyen et 25 000 $ pour un gros.

— Parfait, je vais prendre le pénis à 25 000 $.

Le médecin lui conseille d'en parler avec sa femme avant de prendre une décision aussi importante. Il lui demande de l'appeler et quitte le bureau pour quelques instants. Roger discute des trois options avec Rita, sa femme. Quand le médecin revient après 10 minutes, il trouve Roger l'air découragé. Le médecin demande :

— Alors, qu'est-ce que vous avez décidé tous les deux ?

— Ma femme a dit qu'elle aimerait mieux avoir une nouvelle cuisine !

AUTOCOLLANTS POUR LES PARE-CHOCS D'AUTO

1) Si vous n'aimez pas ma façon de conduire, enlevez-vous de sur le trottoir.

2) Si vous pouvez lire ceci, j'ai perdu ma roulotte.

3) J'aime ma femme puis, pour 50 $, vous pouvez l'aimer vous aussi !

4) OK le bon Dieu a fait le ciel et la terre, mais qu'est-ce qu'il a fait dernièrement ?

5) Bienvenue en Saskatchewan, reculez vos montres de 20 ans.

6) Sentez-vous en sécurité ce soir, couchez avec une police.

7) Intéressez-vous à ce que fait votre mari, engagez un détective.

8) Vous voulez goûter à la religion, mordez un curé.

9) Pas si fort, le chauffeur dort.

10) Je te gage que je peux arrêter de gambler !

11) Cinq hommes sur quatre ont des problèmes avec les fractions.

12) Laissez faire le chien, prenez garde au propriétaire.

13) Sauvez un arbre, mangez un castor !

14) Ambivalent ? Bien… oui et non…

15) Un homme qui a des vers n'est jamais seul !

16) Une diète équilibrée, c'est un gâteau dans chaque main.

17) Les maris sont la preuve que les femmes ont le sens de l'humour.

18) Non au sida; masturbez-vous !

19) J'ai le corps d'un dieu, un Bouddha.

20) Klaxonnez si vous voyez des morceaux tomber.

CE QU'UN HOMME NE DEVRAIT PAS DIRE À UNE FEMME EN FAISANT L'AMOUR

1) Oups !

2) Si tu te dépêches de venir, je vais pouvoir regarder la game à la télévision.

3) Tu ressembles à ta mère.

4) T'es meilleur que ta mère.

5) As-tu barré la porte ?

6) Continue toute seule, je vais finir mon livre.

7) Qu'est-ce qu'on mange pour souper demain ?

8) La clé des menottes n'est pas dans la boîte...

9) C'est mon cellulaire, il faut que je réponde.

10) Ah, j'ai oublié, le chat s'est fait écraser ce matin...

11) Mon autre femme aimait ça...

12) C'est l'fun de coucher avec une femme qu'on n'est

pas obligé de souffler avant.

13) Fais ça vite, j'loue la chambre à l'heure.

14) Crie pas trop fort, ma mère ne dort pas dur.

CE QU'UNE FILLE NE DEVRAIT PAS DIRE À UN HOMME EN FAISANT L'AMOUR

1) Je ne comprends pas, tes pieds son tellement longs.

2) Attention à mon maquillage.

3) J'veux un bébé !

4) Tu sais que le plafond a besoin de peinture.

5) On devrait peut-être appeler un sexologue...

6) J'ai-tu pris ma pilule, moi ?

7) C'est juste de l'urticaire...

8) À bien y penser, éteins donc les lumières.

9) Ça doit être le froid...

10) Fais pas attention, je me lime toujours les ongles au lit.

11) Peut-être que si on l'arrose, elle va grandir...

12) Quand est-ce que c'est supposé être bon ?

13) Une chance que tu es riche…

CE QU'UNE FEMME DIT ET
CE QUE ÇA VEUT DIRE VRAIMENT

1) On a besoin…
veut dire :
Je veux…

2) M'aimes-tu ?
veut dire :
Prépare toi, je vais te demander quelque chose de cher.

3) Combien fort tu m'aimes ?
veut dire :
J'ai fait quelque chose aujourd'hui que tu n'aimeras pas…

4) Faut qu'on parle.
veut dire :
J'veux me plaindre.

5) T'es donc bien fin ce soir.
veut dire :
Penses-tu toujours rien qu'au sexe ?

6) Sois romantique et ferme la lumière !
veut dire :
Je pense que j'ai engraissé.

7) Accroche le cadre ici !
veut dire :
Accroche le cadre là !

8) Je ne crie pas.
veut dire :
Je crie parce que je pense que c'est important

9) Est-ce que j'ai un gros cul ?
veut dire :
Dis-moi que je suis belle !

10) J'te considère plus comme un frère.
veut dire :
Sexuellement, t'as l'air d'un babouin.

11) Je ne veux pas de chum pour l'instant.
veut dire :
J'te veux pas, toi, comme chum pour l'instant.

12) C'est pas de ta faute, c'est de la mienne.
veut dire :
C'est de ta maudite faute.

13) Je regrette.
veut dire :
Tu vas le regretter…

14) J'suis prête dans une minute.
veut dire :
Je vais être prête dans une heure.

15) Oui *veut dire :* Non

16) Non *veut dire :* Non

17) Peut-être *veut dire :* Non

CHOSES À NE PAS DIRE EN ENTREVUE
À UN ÉVENTUEL PATRON

1) Je veux ta job.

2) C'est qui la grosse truie de la photo sur ton bureau ?

3) Voulez-vous connaître mes antécédents criminels ?

4) Je ne travaille pas l'après-midi, je suis trop paqueté.

5) Veux-tu me dire où t'as acheté c'te maudite cravate-là ?

6) J'suis ici parce qu'il n'y a rien de bon à la télévision.

7) Quelle route prennent vos commis pour aller faire le dépôt à la banque ?

8) J'ai quitté ma dernière job avec 50 000 $ de dédommagement pour congédiement injustifié.

MAUVAIS ET PIRE

Mauvais :   Vous ne trouvez plus votre vibrateur.
Pire :   Votre fille vous l'a emprunté.

Mauvais :   Vous trouvez un film porno dans la chambre de votre fils.
Pire :   Votre fille est dedans.

Mauvais :   Vos enfants sont actifs sexuellement.
Pire :   Mais entre eux (ensemble).

Mauvais :   Votre mari s'habille en femme.
Pire :   Il paraît mieux que vous.

Bon et mauvais

Bon :   Vous êtes revenu à la maison pour une
                 p'tite vite.
Mauvais :   Le laitier aussi.

Bon :   Votre femme s'est acheté une nouvelle
                 robe noire.
Mauvais :   C'est pour vos funérailles.

Bon :   Votre femme fait ses exercices nue.

Mauvais :   Elle pèse 280 livres.

Pourquoi c'est mieux d'être une femme

T'es jamais obligée de te payer une consommation.

Tu peux avoir du sexe quand tu veux.

Tu peux t'épargner un billet de vitesse en pleurant.

T'as pas peur de devenir chauve.

C'est toujours toi qui choisis le film.

Tu n'as pas à tondre le gazon.

Le SPM est une bonne défense contre une accusation de meurtre.

Tu peux marier un millionnaire et ne plus jamais travailler de ta vie.

Tu manques jamais d'excuses.

Tu sais danser.

T'as pas à avoir peur que ça lève pas.

T'es meilleure pour le mémérage.

Les femmes courtes sont « petites » les hommes courts son... courts !

T'as pas besoin de raison pour être enragée.

POURQUOI C'EST MIEUX D'ÊTRE UN HOMME

Les hommes ne te regardent pas les seins pendant qu'ils te parlent.

Les appels téléphoniques ne durent jamais plus de deux minutes.

Si un gars arrive dans un party avec le même habit que toi, tu t'en sacres.

Une semaine de vacances ne nécessite qu'une seule valise.

Tu peux aller aux toilettes sans qu'il y en ait deux ou trois qui t'accompagnent.

Tous tes orgasmes sont vrais.

Tu n'as pas à te raser en bas du cou.

Tu peux écrire ton nom dans la neige en faisant pipi.

Trois paires de soulier, c'est bien assez.

Tu peux travailler torse nu quand il fait chaud.

Tu t'en fous si personne ne remarque ta nouvelle coiffure.

Tu peux manger une banane en public.

Tu peux faire pipi partout.